Natur yn Galw

Twm Elias

Argraffiad cyntaf: 2018

Rhif Llyfr Safonol Rhyngwladol:
978-1-84527-659-1

Cyhoeddwyd gyda chymorth Cyngor Llyfrau Cymru

Cynllun Clawr: Eleri Owen
Llun cefn y clawr: Aled Jones

Gwnaethpwyd pob ymdrech i sicrhau hawlfraint defnydd pob llun.
Ymddiheurwn am unrhyw dramgwydd.

Cyhoeddir gan Wasg Carreg Gwalch,
12 Iard yr Orsaf, Llanrwst, Conwy, LL26 0EH.
Ffôn: 01492 642031
e-bost: llyfrau@carreg-gwalch.cymru
lle ar y we: www.carreg-gwalch.cymru

Argraffwyd a chyhoeddwyd yng Nghymru

Diolchiadau

Mawr fy niolch i bawb fu'n gysylltiedig â chreu a chyhoeddi'r gyfrol hon, yn uniongyrchol ac yn anuniongyrchol dros y blynyddoedd. Daeth fy ysbrydoliaeth yn wreiddiol o gwmni a brwdfrydedd rhai megis Ted Breeze Jones, Wil Jones Croesor, Dafydd Davies Rhandirmwyn, aelodau Cymdeithas Edward Llwyd ac, yn fwy diweddar, Duncan Brown a gwefan Llên Natur (www.llennatur.com), a chriw hwyliog Cymdeithas Ted Breeze Jones. Roedd yr addysg a'r cyfleoedd ge's i tra oeddwn i'n gweithio ym Mhlas Tan y Bwlch, Maentwrog, yn trefnu a rhedeg cyrsiau ar fyd natur, llên gwerin a hanes lleol yn allweddol – does dim byd gwell i'ch ysgogi i ddysgu, deall a chyflwyno pwnc na rhedeg cwrs neu baratoi darlithiau arno.

Diolch hefyd i Wasg Carreg Gwalch am y gyfrol ac am gyfle i gyhoeddi deunyddiau perthnasol yn Llafar Gwlad dros y blynyddoedd. Hefyd, wrth gwrs, Aled Jones am roi rhwydd hynt i mi ddatblygu a chrisialu fy syniadau yn eitemau i'w darlledu ar Galwad Cynnar a rhaglenni eraill Radio Cymru. Yr eitemau hynny yw sail y gyfrol hon.

A rhaid i mi beidio anghofio fy nheulu adre wnaeth ddiodde fy llyfrau ymhobman a'r sgwennu diddiwedd ... a Nel, am fynd â fi am dro yn ddyddiol bron i heddwch Cwm Dulyn.

Cynnwys

Rhagair

Detholiad o drigain o'r dros dri chant o eitemau pum munud a ddarlledwyd ar y rhaglen fore Sadwrn boblogaidd *Galwad Cynnar* rhwng 2005 a 2013 a geir yma. Eitemau, mae'n rhaid i mi ddweud, y cefais andros o hwyl, addysg a mwynhad yn eu paratoi.

A thra 'mod i wedi paratoi sgriptiau o ryw 750–800 gair ar gyfer bob un, ac ar bynciau sy ddim yn dyddio'n rhy sydyn, dechreuais feddwl y byddai'n syniad da eu cyhoeddi. Dwi'n gredwr mewn ailgylchu, 'dach chi'n gweld, ac o'r farn y dylai deunyddiau difyr a da gael eu cadw'n fyw yn hytrach na'u claddu mewn rhyw archif yn rhywle. Efallai y bydd rhai yn cael eu hatgyfodi ymhen blynyddoedd ar y rhaglen fendigedig *Cofio* gan John Hardy – pwy a ŵyr?

Felly dyma dwtio dipyn arnyn nhw a'u dad-lafareiddio ryw ychydig. Hynny yw, newid yr ieithwedd i siwtio ysgrifau yn hytrach na sgyrsiau byw – ond ddim yn ormodol chwaith, oherwydd mae'n gas gen i iaith rhy stiff.

Rhaid i mi ddiolch yn arw i 'Mr Cynhyrchydd', sef Aled Jones, Penrhyndeudraeth, oedd yn gyfrifol am drawsnewid y *Galwad Cynnar* gwreiddiol a sefydlu'r patrwm i'r rhaglen fyd natur ac amgylcheddol boblogaidd yr ydym yn gyfarwydd â hi heddiw. Cefais wahoddiad ganddo i baratoi cyfres wythnosol am newidiadau'r flwyddyn gron drwy ddilyn hynt y gwyliau tymhorol, byd natur a'r llên gwerin cysylltiedig. Cyhoeddwyd ffrwyth hynny yn y gyfrol *Tro Drwy'r Tymhorau* (2007).

Yn dilyn hynny cefais ddilyn fy nhrwyn i unrhyw gyfeiriad a ddymunwn. Detholiad o'r cynnyrch hwnnw gewch chi yn y gyfrol hon sydd, yn unol â'm diddordebau i, yn mynd i bob cyfeiriad dan haul: rhyfeddodau natur, llên gwerin, hanes, 'chydig o bolitics amgylcheddol nawr ac yn y man, ffeithiau anghyfarwydd am y cyfarwydd a dipyn o hiwmor. Fel y dywedodd Mr Cynhyrchydd wrtha i un tro, 'Ti'n un o'r 'chydig amgylcheddwyr sy'n medru dod â hiwmor i'w bwnc.'

Mwynhewch.

Twm Elias, Gorffennaf 2018

Yr olygfa o'r cerrig stympiau dros Nebo, Dyffryn Nantlle gydag Ynys Môn yn y pellter

Pennod 1

Anifeiliaid Gwylltion

1: Wiwerod 24 Medi 2005

Ydach chi wedi sylwi ar yr holl wiwerod sy'n cael eu lladd ar y ffyrdd y dyddiau yma? Fe fu'n dymor magu da iawn, mae'n rhaid, ac ar ddiwedd haf fel hyn wrth i lawer o wiwerod ifanc dibrofiad wasgaru a siawnsio'u lwc, maent yn cael clec gan geir! Does dim rhyfedd – welsoch chi wiwer yn trio croesi ffordd? Nôl-mlaen-nôl-mlaen, yn methu penderfynu ac yn y diwedd yn neidio'n syth o flaen y car. Mae dywediad yn ardal Bethesda am rywun sy'n newid ei feddwl bob munud: 'Ti fatha wiwar!'

Y wiwer lwyd sy gen i dan sylw, wrth gwrs. Mae'r gochen, druan bach, wedi diflannu yn raddol o Gymru yn yr hanner canrif aeth heibio. Mae rhyw ychydig ym Môn a nifer fechan iawn ar dir y Comisiwn Coedwigaeth yng Nghlwyd a Chaerfyrddin, dyna'r cyfan. Y llwyden, yn sicr, gaiff y bai am ddiflaniad y goch am ei bod yn ysbeilio storfeydd bwyd y goch, a gwaeth fyth, yn trosglwyddo clwy marwol iddi.

Dim ond yn ddiweddar y daeth y llwyden i'n gwlad. Fe'i cyflwynwyd yn y bedwaredd ganrif ar bymtheg ac i Gymru y daeth hi gynta: i siroedd Dinbych yn 1828 a Threfaldwyn yn 1830. Ond chafodd y rheiny, nac eraill a gyflwynwyd i wahanol stadau yn Lloegr yn fuan wedyn, fawr o lwyddiant. Ond yna, yn 1890, dechreuodd poblogaeth o ddeg a gyflwynwyd i stad Woburn Abbey, Swydd Bedford fridio'n llwyddiannus a dechrau ymledu i bobman.

Roedd pobl yn meddwl eu bod yn werth chweil, yn gymeriadau bach doniol oedd yn ychwanegu at ddifyrrwch ac amrywiaeth ein bywyd gwyllt. Petai'r rhai a'i cyflwynodd ond yn gwybod! Roedd yr hen lwyden yn ffynnu – ac yn difrodi coed a nythod adar – a sefydlwyd cymdeithasau difa gwiwerod llwydion mewn rhai ardaloedd yn y 1930au.

Fe'u hail-gyflwynwyd i Sir Drefaldwyn ddechrau'r ugeinfed ganrif ac i Forgannwg yn 1922, a bu iddynt ymledu'n raddol tua'r gorllewin gan gyrraedd siroedd Caerfyrddin, Ceredigion a Meirionnydd yn y 1930au, ac Arfon yn y 1950au. A phan gyrhaeddai'r lwyd, ciliai'r goch, gwaetha'r modd.

Byddai'r goch yn cael ei hela ar un adeg, yn enwedig dros gyfnod gwyliau'r Dolig. Difyrrwch i'r werin fyddai hyn tra byddai'r byddigions yn carlamu o gwmpas y wlad efo'u cŵn yn hela creadur coch arall – y llwynog. Ceir sawl disgrifiad o hela gwiwerod, e.e. gan Elias Owen yn ei gyfrol *Welsh Folklore* (1883) a Glanffrwd yn ei *Hanes Llanwyno* (1949). Maen nhw'n disgrifio erlid y wiwer (a'r goch fyddai hi) drwy weiddi a phledu cerrig ati a'i hel o goeden i goeden i ben draw'r goedwig a'i chornelu ar un goeden. Yna, ceisio'i dal hi efo ffon hir â dolen o linyn ar ei blaen. Dianc wnâi'r wiwer fel arfer, ond petai'n cael ei dal, i'r pot fyddai hi'n mynd. Dim llawer o damaid, efallai, a blas tebyg i gig cwningen sydd iddi yn ôl y sôn.

Gweddol brin yw'r coelion gwerin am wiwerod am ryw reswm; mor wahanol i'r llwynog, y sgwarnog, y blaidd a'r gath wyllt y mae llenyddiaeth a llên gwerin mor gyforiog ohonynt. Deuthum ar draws y canlynol:

• Os yw wiwer yn hel storfeydd mawr o fwyd, mae'n arwydd y cawn aeaf caled.
• Pan fydd wiwer yn bwyta cnau ar y goeden, yna gaeaf tyner gawn ni.
• Gall wiwer fynd ar ddarn o bren a hwylio ar draws llyn drwy ddefnyddio ei chynffon fel hwyl.

Gwiwer lwyd yn rhoi'r prawf eithaf ar gawell atal gwiwerod

Cofnodwyd stori fach neis gan y Parch D. G. Williams, Ferndale, yn *Casgliad o Lên Gwerin Sir Gaerfyrddin* (1895). Stori yw hon am wenci yn ceisio twyllo gwiwer er mwyn ei dal hi. Roedd yr hen wenci gyfrwys yn herio'r wiwer i neidio o un gangen i'r llall, a phob tro y llwyddai'r wiwer byddai'n cael ei herio i neidio i gangen bellach. Yn y diwedd, fel y gellid disgwyl, methodd y wiwer, a disgyn i'r llawr. Rhuthrodd y wenci arni gan weiddi 'Ha! Ha! Fe'th caf di i frecwast nawr!' Atebodd y wiwer, 'Ond dwyt ti ddim am fwyta dy frecwast heb ddweud gras?' A phan roddodd y wenci ei bawennau at ei gilydd a chau ei lygaid, neidiodd y wiwer i fyny a rhedeg i ffwrdd. Neges y stori, yn amlwg, yw y gall cyfrwystra drechu cyfrwystra.

2: Ystlumod

Bu'n wythnos ddifyr iawn i mi, gan fy mod wedi trefnu cwrs ar ystlumod ym Mhlas Tan y Bwlch i aelodau staff awdurdodau lleol a chyrff gwarchod natur. Roedd arbenigwyr yno i'w trwytho yn y gyfraith a'r rheolau cynllunio perthnasol, a'u dysgu sut i adnabod olion ystlumod yn y gwahanol lefydd maen nhw'n clwydo.

Aethom allan bob gyda'r nos efo peiriannau bach saingyfnewid sy'n gostwng uwchseiniau anghlywadwy'r ystlumod i lefelau y medrwn ni eu clywed. A dyna i chi agoriad llygad – neu agoriad clust, yn sicr – clywed eu galwadau. Mae pob rhywogaeth â'i galwad ei hun ar ryw donfedd sain arbennig, ac maen nhw mor wahanol i'w gilydd a hawdd eu hadnabod â chaneuon yr adar. Rhai yn trydar yn gyflym ('trrrrrr') ac eraill yn clician ('tic-tic-tic').

Mae'r tua 12 rhywogaeth geir yng Nghymru wir angen eu gwarchod oherwydd eu bod oll wedi prinhau yn arw dros yr hanner canrif ddiwethaf. Colli cynefinoedd, gorddefnydd o blaleiddiaid a dirywiad cyffredinol yn yr amgylchedd yn y cyfnod yma fu'n gyfrifol.

Dwi'n cofio dadlau hefo rhywun, ryw dro, am warchod ystlumod. Ei safbwynt negyddol o oedd, 'I be maen nhw'n dda?' Minnau o'r farn nad eu defnyddioldeb na'u gwerth economaidd yw'r ffon fesur briodol ond rôl y creadur ym mhatrwm mawr byd natur. Hefyd, wrth gwrs, mae gan bopeth hawl i fyw, ac onid ydyw ein hagwedd tuag at y byd o'n cwmpas yn bwysig? Meddyliwch, os nad ydan ni'n barod i warchod ein bywyd gwyllt prin ein hunain, pa hawl sy ganddom i ofyn i wledydd eraill beidio clirio'u fforestydd ac yn y blaen? Ia, mater o egwyddor ydi o yn y pen draw.

Ond beth bynnag, mae ystlumod yn bethau bach eithriadol o ddifyr ac wedi bod o gwmpas ers amser maith. Darganfuwyd esgyrn ystlumod mewn ogofâu yn Nyffryn Clwyd sydd o leia 4,000 o flynyddoedd oed. Un o'r

Ystlum hirglust

cyfeiriadau cynharaf at ystlumod yn y Gymraeg yw llinell o gywydd gan Ithel Ddu yn y bedwaredd ganrif ar ddeg, lle mae'n disgrifio rhywle 'yn llawn ystlumiaid a llwch'.

Gwaetha'r modd, ni chafodd ystlumod, druan bach, erioed ryw lawer o glod a chanmoliaeth – yn wahanol i greaduriaid bach mwy 'fflyffi'! Na, creaduriaid y gwyll fu ystlumod erioed, am wn i, ac yn cael eu cysylltu â gwrachod, ellyllon a phob mathau o erchyllbethau arallfydol eraill. Byddai gwrachod, gyda llaw, yn defnyddio gwaed ystlum i fedru gweld yn y tywyllwch, a'i bi-pi i wneud pobl yn ddall!

Onid oedden nhw'n byw mewn ogofâu a hen Eglwysi – trigfannau ellyllon a'r meirw? Dim rhyfedd bod hen goel Gymreig sy'n datgan y byddai rhywun o'r teulu'n siŵr o farw pe deuai ystlum i hedfan yn y tŷ. Ywww! A tydi stori Draciwla ddim wedi bod ryw lawer o help i'w delwedd nhw chwaith, na'r ffaith fod 'na ystlumod fampir mewn rhai rhannau o'r byd.

Ond, wrth lwc, tydi pob coel ddim mor negyddol – os bydd ystlumod yn hedfan yn gynnar gyda'r nos, mae'n

Ystlum lleiaf ar y carped ym Mhlas Tan y Bwlch

arwydd y daw tywydd da, ac mae hedfan yn gynnar yn y flwyddyn yn arwydd o lwc dda a phriodas cyn pen y flwyddyn. Ond mae'n anlwcus os daw ystlum i hedfan rownd eich pen oherwydd ofn pobl y byddai'n mynd yn sownd yn eu gwallt! Dyma goel hollol ddisail, gyda llaw, oherwydd dyna'r peth diwethaf y byddai ystlum isio'i wneud. Wir i chi!

Dwi'n cofio, pan oeddwn yn hogyn bach, ceisio dal ystlumod drwy daflu hances hefo cwlwm yn un pen iddi i'r awyr, neu ffrwythau crwn a llawn bachau'r cacamwci, gan obeithio y byddai'r ystlum yn mynd yn sownd yn y bachau ac yn disgyn i'r ddaear. Choeliwch chi ddim, ond byddai'r ystlum yn anelu'n gyflym at yr hyn a deflid i'r awyr ond yn troi i ffwrdd bob tro, o ddeall nad gwyfyn oedd yno!

Yn y dyddiau a fu, credid mai hanner anifail a hanner aderyn oedd ystlum. Yn un o chwedlau Æsop mae hanes ystlum gafodd ei ddal gan wenci. Daliwr adar oedd y wenci honno, a phan daerodd yr ystlum mai llygoden oedd o, fe gafodd ei ryddhau. Fe'i daliwyd wedyn gan wenci arall oedd yn ddaliwr llygod, a chael ei ryddhau gan honno ar ôl taeru mai aderyn oedd o. Mewn rhyfel mawr rhwng yr adar a'r anifeiliaid roedd yr ystlum yn newid ochr mor aml – yn dibynnu pwy oedd yn ennill ar y pryd – nes yn y diwedd fe benderfynodd y ddwy ochr ddial arno. A dyna pam, welwch chi, mai dim ond yn y nos y mae'n saff i'r ystlum ddod allan.

3: Draenogod 5 Tachwedd 2005

Os nad ydych yn gwybod yn barod, mae hi'n Noson Tân Gwyllt heno, noson y coelcerthi. Ar nos Glangaea' y byddai'r rhain yn cael eu cynnau yn wreiddiol, i groesawu'n ôl i'r hendref y rhai fu yn hafotai'r mynyddoedd dros yr haf.

Ond symudwyd y miri i 5 Tachwedd i goffáu'r hen Guto Ffowc druan gafodd ei ddienyddio ar y dydd hwn yn 1605. Druan bach o'r hen Gut – y cyfan wnaeth o oedd ceisio rhoi bom dan Senedd Lloegr!

Beth bynnag am hynny, os ydach chi am danio coelcerth heno, cofiwch chwilio drwyddi cyn rhoi matsien iddi, jyst rhag ofn bod draenog yn llochesu ynddi – yn enwedig os bu'r domen goed yno ers sbel a llawer o ddail crin wedi hel yn ei gwaelod hi.

Mae'r hen ddraenog yn greadur difyr iawn a cheir llawer o goelion a llên gwerin amdano. Un goel adnabyddus oedd bod draenog yn sugno tethi gwartheg yn y caeau yn y nos pan fyddai'r gwartheg yn gorwedd i gysgu. Felly os ceid buwch yn hesb yn y bore, neu ei theth wedi chwyddo, draenog gawsai'r bai! Ar sail hynny, a'r ffaith fod draenogod yn bwyta wyau ambell iâr, pasiwyd deddf yn Oes Elisabeth I yn datgan bod draenogod yn 'fermin' – a thalwyd bownti am eu cyrff nhw. Ceir cyfeiriadau at hynny yng Nghofnodion Festri sawl eglwys, e.e. mae cyfrifon Warden Eglwys Llanasa yn 1810 yn nodi taliad o 1/6 (18c) am 9 draenog, 2 geiniog yr un, arfer a barhaodd tan Oes Fictoria.

Wrth gwrs, tydi draenogod ddim yn sugno gwartheg – tydi eu cegau nhw ddim wedi eu gwneud i'r job honno – er y byddai'n bosib iddyn nhw lyfu blaen teth sy eisoes yn diferu o lefrith. Mae'n haws o lawer gen i gredu fod y goel ryfedd hon wedi ei dechrau gan y gwir ladron llefrith – a lladron deudroed fyddai'r rheiny!

Coel arall am y draenog yw ei fod yn dwyn afalau. Mae

Draenog ar ei drafael

hon yn gred gyffredin drwy Ewrop gyfan, er mai dwyn mefus oedd y prif gyhuddiad yn Sbaen. Y syniad oedd bod y draenog yn mynd i'r berllan yn yr hydref ac yn rowlio drosodd ar yr afal nes ei fod yn sticio ar y pigau, a'r hen greadur bach wedyn yn mynd â'r ffrwyth adref efo fo ar ei gefn! Wel, sgersli bilîf, fel y dywedodd rhywun ryw dro. Draenog yn rowlio ar afal? Sgwn i sut y cododd y fath syniad? Efallai fod rhywun wedi gweld draenog un tro ag afal bychan wedi sticio ar ei bigau. Rhywbeth pur anghyffredin, decini, ond bod dychymyg pobl wedyn yn dueddol o wneud yr anghyffredin yn rheol. Dyma dynnu sylw, unwaith yn rhagor oddi wrth y lladron go iawn ... oedd unwaith eto yn ddeudroed, wrth gwrs!

Mae 'na straeon hefyd bod draenogod yn lladd nadroedd. Wel, yn ddifyr iawn, cynhaliodd yr Athro Buckland o Brifysgol Rhydychen arbrawf i weld os oedd hynny'n wir neu beidio yn 1830. Rhoddodd ddraenog a neidr mewn bocs efo'i gilydd: pan welodd y draenog y neidr rhoddodd frathiad go hegr iddi a rowlio'n belen ar amrantiad fel y byddai ei bigau'n ei arbed rhag brathiadau'r neidr. Yna agor, brathu a rowlio'n ôl yn belen, sawl gwaith. Yn y diwedd roedd y draenog wedi llwyddo i falu esgyrn yr hen sarff o'i phen i'w chynffon, a'i lladd hi. Wedyn, gan ddechrau efo'r gynffon, fe'i bwytaodd i gyd! Roedd draenogod yn ddefnyddiol yn feddyginiaethol hefyd. Wyddoch chi fod dagrau draenog yn dda iawn i lygaid gweinion? Ac mae cred ddifyr o Lincoln ym mhen draw Lloegr bod asgwrn gên draenoges yn dda ar gyfer cryd cymalau. Hen feddyginiaeth ar gyfer ffitiau oedd bwyta draenog wedi'i rostio. Byddai'r Sipsiwn yn ffond iawn o rostio draenog – ar ôl ei ladd, ei blastro mewn haen drwchus o glai a'i roi yn y tân. Pan fyddai'n barod, cracio'r clai a byddai'r pigau yn dod i ffwrdd hefo'r clai gan adael y cig yn gyfleus i'w fwyta. Blas 'run fath â phorc, yn ôl y sôn, ond chewch chi ddim profi drostoch eich hun bellach gan fod y draenog yn cael ei warchod gan gyfraith gwlad. Felly gwnewch yn siŵr nad oes 'run yn y goelcerth 'na heno!

4: Llwynogod   3 Rhagfyr 2005

Pan o'n i'n ddisgybl yn ysgol bach Clynnog ers talwm, byddai Wilias Sgŵl yn darllen stori gyffrous i ni yn y wers olaf bob pnawn Gwener. Y rhai ro'n i'n eu mwynhau fwyaf oedd y straeon am Siôn Blewyn Coch a Siân Slei Bach. Trysor o lyfr oedd *Llyfr Mawr y Plant*, yntê?

Ond er cymaint o arwr oedd Siôn Blewyn Coch, mae'n perthynas â'r llwynog yn un ddeublyg iawn. Mae gan lawer, hyd yn oed ffermwyr defaid mynydd, ryw edmygedd rhyfeddol o'i gyfrwystra a'i allu i oroesi er gwaetha pawb a phopeth. Ond yn sicr mae'r ffermwr yn casáu be all yr hen gadno ei wneud i ŵyn bach, ac i ieir a gwyddau hefyd pan fyddai'r rheiny'n gyffredin ar ffermydd. Mae adwaith o'r fath yn hollol naturiol. Mi fuasech chitha am waed y llwynog hefyd petai'ch bywoliaeth yn dibynnu ar eich stoc! Mae cyfeiriadau at hela llwynogod yn mynd yn ôl ganrifoedd. Er enghraifft, ceir sôn am helgwn y Cryngae, ger Penyboyr yn hen Sir Gaerfyrddin, yn hela llwynogod yn y bedwaredd ganrif ar ddeg. Llewelyn ap Gwilym Fychan, oedd yn ewyrth i Dafydd ap Gwilym y bardd, oedd piau'r cŵn, ac mae'n amlwg bod llwynogod yn gyffredin bryd hynny oherwydd fe ddalion nhw 12 o lwynogod mewn tridiau un tro.

Does fawr o sôn am lwynogod yn y Mabinogion na'r hen chwedlau eraill Cymreig. Y baedd gwyllt a'r carw, sef prif anifeiliaid yr helwriaeth, gaiff y sylw yno. Ond ceir llawer o goelion gwerin am y llwynog, neu'r cadno i chi bobl y de:

- Credid bod llwynog yn cario straeon i Satan, a bod hwnnw yn codi'n agos i'r wyneb lle ceir daear llwynog.
- Mae stori am ryw Einion ap Collwyn a fradychodd y Cymry i'r Normaniaid ym Morgannwg yn cael ei felltithio drwy gael ei droi yn llwynog.
- Mewn rhai gwledydd roedd gwisgo tafod llwynog wedi ei sychu yn swyn i wneud rhywun yn ddewr. Byddai coginio a bwyta'r tafod yn cael yr un effaith. Credir bod tafod llwynog yn dda iawn hefyd i dynnu draenen ddu o'r cnawd, ac yn llwyddo lle methai powltis, yn ôl y sôn.
- Gallai gwrach gymryd ffurf llwynog. Dim rhyfedd bod Dr William Price, Pontypridd – a sawl dyn hysbys – yn gwisgo het o groen llwynog.
- Credid bod gweld llwynog yn agos at y tŷ yn arwydd o farwolaeth, sy'n ddigon gwir am yr ieir sy'n clwydo allan!

- Mae gweld llwynog gwyn yn arwydd o farwolaeth ym Morgannwg, ond yn lwc dda yn y Canolbarth.

Ceir llawer o straeon difyr am y llwynog, er enghraifft ei fod yn difa chwain drwy fagio i afon hefo pelen o wlân yn ei geg. Wedi i'r chwain symud o'i gorff i'r belen wlân, fe ollynga'r swp chweinllyd i ganlyn y llif.

Mae ei gyfrwystra'n dianc rhag helgwn yn ddihareb. Dywedir iddo guddio ei drywydd mewn afon, ac yna dyblu'n ôl a neidio i ben craig neu gangen i wylio'r helfa'n pasio. Dim rhyfedd bod rhywun cyfrwys yn cael ei alw'n 'dipyn o hen lwynog'. Tric arall ganddo i osgoi tynnu sylw ato'i hun yw na fydd byth yn lladd ieir yn rhy agos i'w gartref.

Ceir llawer iawn o gofnodion, drwy Gymru gyfan, mewn Llyfrau Cofnodion Festri, at arian yn cael ei dalu am ladd llwynogod – yn enwedig yn y 18fed a'r 19eg ganrif. Yn

Stori'r llwynog a'r frân, Chwedlau Æsop.

sicr fe gwympodd eu niferoedd yn anterth cipera ar y stadau – am fod yr hen gadno yn llawer rhy ffond o ambell ffesant i swper, yntê?

Yn yr 20fed ganrif roedd rhywfaint o reolaeth ar lwynogod pan fyddai ffermwyr yn mynd bob gyda'r nos hefo gwn twelf-bôr i saethu brain, piod a llwynogod. Ceid bownti am bob cynffon llwynog, a byddai cystadlu brwd rhwng helwyr am y gwpan sirol am ddifa'r mwya o lwynogod. Yn y 1960au, bu bron i minnau gael fy saethu wrth hela llwynogod ar fynydd Bwlch Mawr – drwy ddamwain, wrth gwrs. Dwi'n cofio'n iawn yr ergyd yn taro'r graig, lathen o flaen fy ngwep i! Ydi, mae'r hela 'ma'n medru bod yn job ddigon peryg – a dim jyst i'r llwynog!

Yn ôl y sôn, bu cynnydd aruthrol yn niferoedd llwynogod adeg yr Ail Ryfel Byd am nad oedd cymaint o bobl allan yn hela, a daethant yn broblem fawr yn y 1950au yn sgil Myxomatosis, neu glwy'r cwningod. Bryd hynny, pan gollodd y llwynog y gwningen flasus oddi ar ei fwydlen, rhaid oedd troi at bethau eraill – yn enwedig ŵyn bach y gwanwyn. Yn y cyfnod hwn hefyd, dechreuwyd gweld dirywiad mawr yn niferoedd yr adar sy'n nythu ar lawr, megis y gylfinir a'r gornchwiglen.

5: Dyfrgwn   18 Chwefror 2006

Cafodd criw ohonon ni o Gymdeithas Ted Breeze Jones brofiad difyr iawn ddydd Sadwrn diwethaf. Gwneud arolwg adar ym Mhortmeirion roedden ni, a be welson ni mewn pwll ar y traeth o dan y goleudy ond dyfrgi yn chwarae'n braf yn y dŵr, ddim ond rhyw 40 llath oddi wrthon ni. Fe fuom yn ei wylio am o leia chwarter awr!

Da iawn yw gweld bod dyfrgwn (dyfrgwn yn y gogledd a dwrgwn yn y de) wedi dod yn eu holau'n weddol gyffredin i'n hafonydd yn y blynyddoedd diweddar 'ma – a hynny ar ôl bod yn brin iawn, neu hyd yn oed yn absennol am tua hanner can mlynedd.

Mae pysgotwyr yn genfigennus o'r dyfrgi, ac wedi bod erioed, am wn i. A'i ofn o hefyd, am ei fod yn greadur mor fawr a chryf, a digon parod i amddiffyn ei hun os caiff ei gornelu! Mae 'na goel onid oes– pan fratha dyfrgi, ollyngith o ddim tan y clywith o sŵn eich esgyrn yn torri. Dyna pam y byddai potsiars ers talwm yn rhoi sindars o'r grât yn eu bwtsias (welintons). Felly, petai dyfrgi yn eu brathu fe ollyngai'n syth pan glywai sŵn crensian. Mewn rhannau o'r de, cocos Pen-clawdd a ddefnyddid. Rargian, am anghyfforddus! Faswn i ddim yn hoffi cerdded o gwmpas efo llond fy mwtsias o sindars neu gregyn cocos.

Byddai rhai stadau yn cadw helgwn arbennig at hela dyfrgwn, gan gynnwys Ynysfor a Rhug yn y gogledd, ond daeth diwedd ar hynny wedi i'r dyfrgi brinhau yn arw yn y 50au a'r 60au, ac i ddeddf gael ei phasio yn 1975 i wahardd hela dyfrgwn.

Mae stori ddifyr am helfa dyfrgi yn y trysor o lyfr prin hwnnw gan H. E. Forrest: *A Handbook to the Vertebrate Fauna of North Wales* (1919) yn sôn am Captain Bulkley un tro, efo helgwn y Rhug, yn dilyn dyfrast i fyny afon am bellter maith, a'r greadures yn cario un o'i chywion ifanc yn ei cheg er mwyn ceisio'i achub. Ond o'r diwedd, wedi blino'n llwyr ac yn methu mynd ddim pellach, arhosodd ar ynys fechan a throi i wynebu'r cŵn mewn safiad olaf i amddiffyn ei hun a'i chyw. Gwnaeth hyn gymaint o argraff ar Feistr yr Helfa nes iddo hel y cŵn yn eu holau a gadael iddi fynd.

Mae 'na gerfiad pren bendigedig o helfa dyfrgi uwchben y lle tân ym Mhlas Tan y Bwlch, Maentwrog. Golygfa ddigon erchyll, mewn gwirionedd, o ddyfrgi yn cael ei godi ar flaen picell o afael yr helgwn Cymreig hirflew yn yr afon. Ond fe fydda i wrth fy modd yn dangos hwn i bobl ar rai o'r cyrsiau hyfforddiant y byddwn yn eu cynnal yno – pobl

Cerfiad o helfa ddyfrgi, Plas Tan y Bwlch. Roedd yn sbort
poblogaidd ymysg byddigion y 18fed-19eg ganrif
(Llun: Jean Napier)

sydd bellach yn gweithio i warchod a rheoli cynefinoedd er
budd bywyd gwyllt. Mae'n ffordd dda o wneud y pwynt
bod agweddau'r rhan fwyaf o bobl tuag at fywyd gwyllt
wedi newid bron yn llwyr mewn llai na chanrif.

Ceir sôn am ddyfrgi yn y Mabinogion. Ydach chi'n
cofio'r stori am Gwion bach yn ceisio dianc oddi wrth
Ceridwen y wrach ac yn ffoi dros dir, drwy ddŵr a drwy'r
awyr? Gwion yn troi'n sgwarnog a Cheridwen yn troi'n
filiast i'w erlid; yntau'n troi'n bysgodyn a hithau'n ddyfrast;
yntau'n dderyn a hithau'n hebog.

Mae cyfeiriad hynafol arall yng Nghyfraith Hywel Dda,
lle dywedir bod pris croen dyfrgi yn werth yr un faint â
chroen bustach, llwynog a charw, sef wyth geiniog, oedd
yn wyth gwaith mwy na gwerth croen dafad, ond bymtheg
gwaith yn llai na phris croen yr afanc neu lostlydan, oedd
yn greadur prin iawn yr adeg honno.

Roedd dyfrgwn yn weddol gyffredin hyd y 1930au a'r 40au, cyn prinhau yn drychinebus yn y 1950au a'r 60au, gan ostwng i tua 20% o'r hyn oedden nhw cynt yng Nghymru a diflannu'n llwyr o sawl ardal. Dau beth oedd yn cael y bai am hyn – gwenwyn organochloride mewn dip defaid, a pholisi gwallgo'r Bwrdd Dŵr bryd hynny i 'ganaleiddio', neu sythu a llyfnhau ochrau afonydd, gan glirio pob blewyn o dyfiant a phob arlliw o gysgod i unrhyw greadur byw bron! Maen nhw wedi callio erbyn hyn, diolch i'r drefn, a phethau wedi gwella'n rhyfeddol. O ganlyniad, dychwelodd dyfrgwn i bob dalgylch afon drwy Gymru. Mantais hynny yw bod problem y rheibiwr bach dinistriol – y minc – wedi lleihau, oherwydd mae'r dyfrgi yn fistar corn ar hwnnw. Felly da iawn, ddyfrgi. Croeso'n ôl!

6: Sgwarnogod   1 Ebrill 2006

Fe fydda i wrth fy modd yr adeg yma o'r flwyddyn yn gweld sgwarnogod yn prancio. Mis Mawrth ydi'r adeg orau i'w gweld – y 'Mad March Hare' yn Saesneg, yntê – ond fe'u gwelwch nhw wrthi yn Ebrill hefyd.

Be mae'r sgwarnogod yn ei wneud yr adeg hon o'r flwyddyn ydi hel at ei gilydd i gydmaru. Mae'n gyfle da i'r gyrfod ddangos eu hunain a chystadlu am ffafr y rhai banw ac mae hi'n andros o sioe. Gellir eu gweld yn gwibio ar ôl ei gilydd, yn neidio a phrancio'n wyllt, ac yn aml iawn ceir dwy sgwarnog yn sefyll wyneb yn wyneb ar eu traed ôl a bocsio, yn union fel y gwelsoch ddau gangarŵ yn ei wneud ar y teledu, a chystal â Joe Calzaghe unrhyw ddiwrnod! Yr hen hormons gythraul 'ma sydd ar fai – byddant yn callio a setlo pan fydd hyd y dydd wedi mystyn dipyn bach mwy.

Mae tri math o sgwarnog yng Nghymru. Yr un frown gyffredin yw'r arferol, er nad yw honno mor gyffredin erbyn hyn, chwaith. Mewn gwirionedd, aeth yn eitha prin, i lawr i chwarter y boblogaeth a gofnodwyd hanner can mlynedd yn ôl. Pam? Oherwydd cyfuniad o golli cynefin a chynnydd mawr yn niferoedd llwynogod yn y blynyddoedd diwethaf. Mae'r cochyn yn hoff o ddal y lefrod, neu sgwarnogod ifanc, sy'n byw yn yr awyr agored ac yn cuddio ym mhorfa'r ffridd.

Math arall yw'r sgwarnog fynydd. Fe gyflwynwyd hon o'r Alban i ucheldiroedd Cymru yn y 19eg ganrif gan y stadau, er mwyn eu hela. Hon sy'n troi'n wyn yn y gaeaf. Ar y Carneddau oedd hi ddwytha – ond mae'n bosib ei bod hi wedi diflannu oddi yno erbyn hyn. Yna mae'r sgwarnog ddu – ond welwch chi 'mo honno'n aml iawn am mai yn y nos y daw hi allan. *

Ceir tipyn o sôn am sgwarnogod yn ein chwedlau a'n llenyddiaeth, yn hen a newydd. Roedd hi'n greadures sanctaidd i'r Derwyddon a chafwyd esgyrn sgwarnog mewn safleoedd aberth o'r cyfnod hwnnw, a cherfiadau

Sgwarnog yn edrych   *... ac i ffwrdd â hi*

Celtaidd o heliwr yn anwesu sgwarnog yn ei freichiau. Mae'n debyg mai dim ond y Derwyddon oedd â'r hawl i ddal sgwarnog a'i fod yn waharddedig, neu'n tabŵ, i bawb arall. Efallai fod adlais o hynny yn stori Melangell. Gweddïo oedd hi un dydd pan redodd sgwarnog ati a chuddio oddi tan ei chlog rhag helgwn y tywysog Brochfael. Amddiffynnodd Melangell y sgwarnog, a chymaint oedd edmygedd Brochfael o'i safiad nes y rhoddodd y tir iddi'n rhodd – ac yno y sefydlodd hi Eglwys Pennant Melangell.

Roedd y sgwarnog yn bwysig i'r hen Geltiaid am ei bod yn un o'r ffurfiau y gallai dewin droi ei hun iddo. Rydw i wedi sôn eisoes am Gwion Bach a Ceridwen, a chofnododd Gerallt Gymro (1188) y goel Gymreig y gallasai gwrach droi ei hun yn sgwarnog i sugno llaeth gwartheg. Dyma hen stori, ond â sawl fersiwn lled-ddiweddar ohoni. Be am yr helbul a gafwyd yn Nhŷ Newydd Morfa, Llanfrothen, sawl cenhedlaeth yn ôl bellach? Roedd rhywun, neu rywbeth, yn sugno'r gwartheg yn y nos. Ac er gwaetha pob ymgais i'w gwarchod roedd swyn yn peri i'r gwylwyr ddisgyn i gysgu, a byddai'r gwartheg yn hesb erbyn y bore. Gofynnwyd am gyngor Bela Fawr o Ddinbych, a dywedodd honno mai aros dan gelynnen ar y morfa efo gwn oedd â bwled arian ynddo oedd yr ateb. Felly dyna a wnaed. Y noson honno, daeth sgwarnog fawr i'r cae a sugno'r gwartheg. Taniwyd y fwled ati, a dilynwyd y trywydd gwaed i Bant y Wrach. Yno, daliwyd Cadi'r wrach. Hi oedd gyfrifol!

Daeth hela'r sgwarnog yn ffasiynol ymhen amser a gallwch, o'i berwi'n ddigon hir, wneud potes blasus ohoni. Mae rysáit o Ddyffryn Conwy at hynny, sef berwi'r sgwarnog efo hen esgid ledr am rai oriau. Yna, pan fo lledr yr esgid yn dendr a meddal, gellir taflu'r sgwarnog a bwyta'r esgid!

Ond chwarae teg i'r sgwarnog, mae hi'n haeddu ei

rhyddid. Fel y dywedodd Tom Richards y Wern, Llanfrothen amdani:

Iach raenus ferch yr anial – hir ei chlust
Sicr ei chlyw a dyfal;
Rhed o wewyr y dial
I'w byd ei hun heb ei dal.

[*Sylwch ar ddyddiad y darllediad hwn]

7: Ceirw   4 Tachwedd 2006

Welsoch chi *Autumnwatch* ar BBC 2 fis dwytha, hefo Bill Oddie, Kate Humble a Simon King yn cyflwyno? Be fwynheais i fwyaf oedd gweld y ceirw ar Ynys Rhum yn cystadlu ac yn ymladd am diriogaeth. Wel, sôn am gornio a gwthio – ac un hen fwch, druan bach, yn cael ei daflu yn ddiseremoni i ganol yr afon. Rhoddodd hynny dipyn o ddampnar arno, ys dywed pobl Llŷn.

Yn ôl Geiriadur Prifysgol Cymru mae enw mis Hydref yn tarddu o 'hydd-fref', sef bref yr hyddod (ceirw gwryw) yr adeg yma o'r flwyddyn. Mae hi'n dymor erlid, wedi'r cyfan, pan fyddant yn cystadlu am ffafrau'r rhai banw. Ac fel ar Rhum, mae'n siŵr y bu ucheldiroedd Cymru ar un adeg yn atsain â brefiadau hyddod a sŵn clecian cyrn!

Aeth ceirw'n bethau prin iawn yng Nghymru unwaith y daeth y gwn yn gyffredin ryw dair neu bedair canrif yn ôl, ac erbyn dechrau'r 18fed ganrif doedd dim un ar ôl yn y gwyllt – doedden nhw ond i'w cael o fewn muriau uchel parciau ceirw'r stadau. Mae stori dda am un carw ddihangodd o barc ceirw Plas Tan y Bwlch ym mis Mehefin 1899. Dilynodd drac rheilffordd lein bach 'Stiniog yr holl ffordd i lawr i Borthmadog, a phan aeth pobl i geisio'i ddal fe neidiodd i afon Glaslyn. Aeth Cwnstabl Roberts a dau

30

Ceirw Danas yng Nghoed y Brenin (Llun: Keith O'Brien)

arall ar ei ôl mewn cwch – ond bu bron i'r cwch â throi wrth iddyn nhw geisio'i ddal o, a hynny o flaen cannoedd o bobl oedd yn bloeddio a chwerthin ar y Cob gerllaw! Yn y diwedd taflwyd rhaff am ei gyrn a'i rwyfo i'r lan, cyn clymu'i draed yn sownd a'i roi o ar y trên yn ôl i Dan y Bwlch. Dipyn o hwyl, yntê?

Mae pedwar math o garw yng Nghymru, yn cynnwys dau frodorol: y carw coch a'r iwrch, ill dau wedi diflannu o'r gwyllt ddechrau'r 18fed ganrif ond bellach wedi dianc o barciau ac yn prysur ailsefydlu yn y gwyllt. Yna mae'r carw Danas, a gyflwynwyd yn y canol oesoedd. Mae'r rhain hefyd wedi dianc o barciau – o Gelli Aur yn y 1950au ac o Nannau ger Dolgellau yn 1962.

Pan fu eira mawr yn 1962 rhoddodd y lluwchfeydd a ffurfiodd yn erbyn wal parc ceirw Nannau gyfle iddyn nhw gerdded i ben y wal a neidio drosodd. Roedd 'na banics llwyr wedyn, a galwodd swyddogion y Comisiwn

Coedwigaeth ar y fyddin i'w difa. Aflwyddiannus fu hynny, ac mae'r ceirw yng Nghoed y Brenin hyd heddiw, chwarae teg iddyn nhw!

Y pedwerydd math ydi'r carw Mwntjac, o Tsieina'n wreiddiol, ond a ddihangodd o barc Woburn yn y 1920au ac sy'n prysur ymledu drwy'r wlad. Mae hyn yn achos cryn bryder i reolwyr coedlannau am eu bod, fel y mathau eraill o geirw, yn bwyta rhisgl coed ifanc gan achosi difrod mawr os na ellir eu rheoli.

O chwilio mewn llyfrau, ychydig iawn o goelion a llên gwerin diweddar sy'n bodoli am geirw yng Nghymru, oherwydd bod y werin wedi colli nabod arnyn nhw ers tair neu bedair canrif bellach. Eiddo'r byddigions oedden nhw, ac fe'u gwarchodwyd yn ofalus gan giperiaid y tu ôl i waliau mawr y stadau. Bron yr unig beth i'n hatgoffa o'u presenoldeb hanesyddol yw enwau lleoedd, ac mae cryn nifer o'r rheiny, e.e. Cerrig yr Iwrch (Migneint), Rhyd y Ceirw (Caerfyrddin), Llechwedd yr Hydd (Llanberis) ac enwau tafarnau megis Yr Hydd Gwyn, y Stag's Head a'r Stag & Pheasant.

Mae ein cysylltiadau â cheirw yn hynafol iawn serch hynny: mae eu lluniau i'w gweld mewn ogofâu o Oes y Cerrig, ac roedd gan Cernunnos, un o dduwiau ffrwythlondeb y Celtiaid, bâr o gyrn carw ar ei ben i gynrychioli grym a ffyrnigrwydd yr hyddod yn y tymor erlid.

Yn y Mabinogion mae Pwyll yn cymryd, heb yn wybod iddo, helfa gŵr arall – neb llai nag Arawn, Arglwydd Annwfn – ac yn gorfod gwneud pob mathau o bethau wedyn i wneud iawn am ei drosedd. A be am Culhwch yn ceisio canfod Mabon fab Modron? Aeth i holi'r creaduriaid hynaf a doethaf yn y byd am gyngor – gan gynnwys Carw Rhedynfre.

Erbyn hyn ceir nifer o ffugchwedlau modern am geirw. Onid Rwdolff drwyncoch ydi un o'r ceirw sy'n tynnu car llusg Siôn Corn? Ond wyddoch chi be? Doedd gan y sawl ddyfeisiodd y stori hon yn y 1930au ddim clem am geirw oherwydd bydd y ceirw Llychlynnaidd gwryw go iawn yn colli eu cyrn dros y gaeaf. Felly'r rhai banw sy'n gorniog adeg y Dolig. Nid Rwdolff ddylai'r enw fod, ond Ceri neu Carwen Carw!

8: Cyfrwystra llygod mawr   8 a 15 Rhagfyr 2007

Mae dyn wedi byw hefo a chystadlu yn erbyn llygod mawr, mae'n siŵr gen i, ers cychwyn gwareiddiad. Ers i ni ddechrau tyfu a storio bwyd a grawn at y gaeaf, yn sicr. Denwyd llygod bach a mawr at ein tai a'n beudai byth ers hynny a bu i ninnau frwydro i geisio'u hatal rhag lladrata'n bwyd. Gwir y dywediad mai 'cyfaill gorau'r gwerthwr blawd yw llygoden'.

Mae'n debyg bod llygod mawr yn arbennig wedi cael eu cymell, yn anfwriadol efallai, i ddatblygu cyfrwystra anhygoel a diarhebol i wneud mwy na goroesi yn ein cwmni ni – i ffynnu – er gwaetha'n sylw marwol ni.

Cefais stori sy'n dangos hynny gan Aled Jones, cynhyrchydd y rhaglen *Galwad Cynnar*, a welodd â'i lygaid ei hun ddwy lygoden fawr yn mynd ati i ddwyn cnau o gratsh bwydo adar yn yr ardd. Roedd un wedi ymestyn o frigyn gerllaw fel bod un goes ac un 'llaw' yn gafael yn y brigyn a'r goes a'r 'llaw' arall yn gafael yn y cratsh. Roedd hyn yn creu pont oedd yn galluogi'r llygoden arall i ddringo ar draws ei chymar i ddwyn y cnau. Yna, ymhen sbel,

Llygoden fawr mewn gardd ym Mhenrhyndeudraeth

Helfa lygod ar ddiwedd diwrnod dyrnu, Prion, sir Ddinbych

dyma'r ddwy yn newid drosodd, fel bod y bwytwr bellach yn bont a'r bont bellach yn bwyta. Cydweithrediad effeithiol, yntê?

Daeth stori debyg o Westmorland yn Ardal y Llynnoedd yn 1865. Roedd ffermwr yno yn methu deall sut yr oedd wyau yn diflannu o nyth iâr ar silff ar y wal yn un o'r beudai. Sylwodd ar yr wyau yn y nyth, ond pan ddychwelai yno ymhen rhyw hanner awr byddai amryw o'r wyau wedi diflannu. Dechreuodd amau'r gweision, ond wedi cadw golwg o bell ar ddrws yr adeilad – a'r wyau'n dal i ddiflannu – sylweddolodd mai rhywun, neu rywbeth, arall oedd wrthi. O sylwi wedyn bod twll llygoden fawr ymhellach ar hyd y silff, dechreuodd ei hamau hi. Cuddiodd yn y gornel hefo gwn i geisio dal y troseddwr, ac yn wir i chi, ymhen sbel, dyma ddwy lygoden yn dod allan o'r twll a'i gwneud hi'n syth am y nyth. Doedd y ffermwr ddim am eu saethu tra oedden nhw ar y nyth rhag malu'r wyau, felly arhosodd i gael ergyd glir. Roedd be welodd o wedyn yn rhyfeddol: un o'r llygod yn gafael mewn wy drwy lapio'i breichiau a'i choesau amdano. Yna gafaelodd y llall yn ei chymar gerfydd bôn ei chynffon a'i llusgo ar hyd y silff i'r twll – a hynny heb i'r wy rowlio i ffwrdd a malu ar y llawr. Roedd y ffermwr wedi rhyfeddu cymaint nes iddo anghofio'n llwyr am saethu'r llygod!

Stori arall glywais rai blynyddoedd yn ôl bellach gan y diweddar Ted Breeze Jones oedd un am ddull llygoden fawr go arbennig o gael olew had llin o bot hanner llawn oedd ar silff yn y cwt allan. Roedd lefel yr olew ychydig yn rhy isel i'r llygoden fedru ei gyrraedd yn hawdd. Felly be wnaeth hi? Gollwng ei chynffon i lawr i'r pot nes cyrraedd yr olew. Yna ei thynnu allan a'i llyfu'n lân, a'i gollwng i lawr yn ôl sawl gwaith i gael mwy. Clyfar iawn.

Dim rhyfedd bod llygod mawr yn gwneud anifeiliaid anwes gwych – maen nhw'n gyfeillgar, chwilfrydig, chwareus ac annwyl iawn. Does dim byd gwell gan yr hen lygoden na chael ei chosi. A pan wnewch chi hynny mae hi'n trydar yn hapus a dod yn ôl am fwy! Mae'n ddifyr mai'r cyntaf i fridio llygod mawr anwes o wahanol liwiau oedd dyn o'r enw Jack Black a oedd, ganol y 19eg ganrif, yn ddaliwr llygod mawr i'r Frenhines Fictoria!

Glywsoch chi am ddefnydd modern i lygod mawr dof? Ym Mozambique, lle mae miloedd o ffrwydron tir yn dal i ladd a chlwyfo pobl bob blwyddyn, maen nhw'n defnyddio llygod mawr i ddod o hyd i'r bomiau. Llygod mawr Affricanaidd ydi'r rhain, ac mae dynion i'w gweld yn aml yng nghwmni llygoden fawr ar dennyn go hir, yn chwilio'r ddaear. Pan fydd y llygoden yn ogleuo ffrwydryn bydd yn dechrau tyllu amdano, a dyna sut mae'r dyn difa bomiau yn gwybod lle i fynd i godi'r bom yn ofalus o'r ddaear, a rhoi tamaid o fanana yn wobr i'r llygoden. Mae'r llygoden yn rhy ysgafn i ffrwydro'r bom wrth gerdded drosti ac yn llawer mwy effeithiol na chi, a fyddai'n blino yn y gwres. Ond mae'r llygoden mor chwilfrydig nes y gweithith hi drwy'r dydd ... dim ond iddi gael digon o fananas!

9: Tyrchod Daear   24 a 31 Ionawr 2009

Dim ond mewn un wlad, hyd y gwn i, mae'r twrch daear (neu wahadden i chi bobl y de) yn boblogaidd – sef Iwerddon Gatholig. Mae dau reswm pam. Un yw nad oes tyrchod yn Iwerddon beth bynnag – felly tydyn nhw ddim yn broblem yno. A'r rheswm arall yw i'r brenin William Oren, wnaeth gymaint dros oruchafiaeth Protestaniaeth yng ngogledd Iwerddon, gael ei ladd pan aeth troed ei geffyl i dwll twrch daear. Dyna pam fod y twrch yn arwr i'r Gwyddel.

Ond tydi'r twrch, druan bach, ddim mor boblogaidd â hynny'r ochr yma i'r môr, gan y gall fod yn dipyn bach o niwsans i ffermwyr a garddwyr. Dyma ddywed Gwilym Rhys amdano:

Hanner dall yw'r mwynwr du – yn y baw!
'Choelia' i byth mo hynny.
Gwelwch ei ôl, y gwalch hy,
'Nunion lle bûm i'n plannu.

A'r Prifardd Dic Jones:

Ei deyrnas yw ei basej – gwnaed ei wisg
    Yn dynn fel sosej.
Â'n ei flaen â'i drwyn fel wej,
Ceibiwr y rhychau cabej.

Heblaw gwenwyno, trapio ydi'r dull arferol o waredu tyrchod. Dyna ddull y tyrchwr neu'r gwaddotwr proffesiynol, a fyddai'n gwerthu eu crwyn gwerthfawr i wneud trywsusau neu wasgodau ar gyfer mwynwyr a glowyr 'slawer dydd. Roedd glowyr o'r farn fod trywsus o groen twrch yn well na'r un defnydd arall. 'Sgwn i faint o wirionedd oedd yn hynny? A faint o ofergoel oedd 'na –

mai croen y creadur tanddaearol oedd fwya addas i'r gweithiwr tanddaearol?

Mi gefais bennill bach difyr gan Mrs Hilda Thomas, Tal-y-bont, Ceredigion, yn disgrifio'r hen ddull o ddal tyrchod hefo gwialen gam. Gwialen helyg oedd hon, wedi ei sticio i'r ddaear a'i phen wedi ei blygu drosodd. Roedd croglath arni yn sownd wrth ffrâm fechan o gollen yn nhrael neu dwnnel y twrch, o dan y briddwal neu docyn pridd. Pan aethai'r twrch i'r groglath cawsai ei godi – ping! – o'r ddaear, yn crogi o'r llinyn.

Y twrch daear du ei liw,
Yn y ddaear mae e'n byw.
Dyn ddaw heibio â gwialen gam;
Cwyd e i fyny yn y man.

Dan y ddaear yn tendio'i dwneli y bydd y twrch fel arfer. Ac ar ôl sefydlu ei rwydwaith, ei brif waith yw rhedeg ar hyd y twneli yn dal unrhyw bry genwair/mwydyn neu gynrhon

Y tyrchwr du yn dangos fod ganddo lygaid

pry teiliwr/jac y baglau a fu'n ddigon gwirion i grwydro i'r twnnel. Mae ei diriogaeth, fel arfer, yn ymestyn o ryw hanner acer i 3–4 acer, yn dibynnu ar faint o fwyd sydd yn y pridd. Ac ew! mae o'n beth bach gweithgar. Gall symud,

Llaw fel rhaw

pan fydd yn agor twnnel newydd, hyd at chwe chilogram o bridd, sydd dros 12 pwys neu bron i stôn, mewn 20 munud. Bwysau am bwysau fe shifftith fwy na pheiriant jac codi baw yn yr un amser.

Mae tyrchod yn byw ar wahân, a bydd ymladdfa ffyrnig rhyngddyn nhw petai un yn tresmasu ar dir un arall. Dim ond yn y tymor magu mae'r fanw yn barod i ddioddef presenoldeb un arall – sef y gwryw – a hynny dim ond nes y bydd o wedi gwneud ei job.

Anaml y byddan nhw'n dod i'r wyneb ond fe ddônt weithiau, i ddianc petai dŵr yn boddi'r twneli, neu os ydyn nhw angen newid cynefin am ryw reswm. Mae'n siŵr gen i mai un ar grwydr o'r fath a ddaliwyd gan un o'r cathod acw un tro. Daeth pws â fo i'r tŷ, yn dal yn fyw, yn anrheg i ni. Wel, am beth bach bywiog – efo'i drwyn main a'i ddwylo mawr crafangog yn rhofio – ac yn ofnadwy o gryf. Gafaelodd Owain, fy mab, ynddo fo – a brathodd y twrch o yn ei fys, gan wrthod gollwng ei afael er i Owain yn ei ysgwyd a'i chwipio'n ôl ac ymlaen. Bu'n rhaid i mi roi plwc sydyn i'w gael o i ffwrdd, ac erbyn hynny roedd y bys yn pistyllio gwaedu. Druan o'r twrch – dim ond amddiffyn ei hun ar ôl cael ei hambygio gan y gath oedd o. A druan o Owain hefyd – mae ganddo graith ar ei fys hyd heddiw fel swfenîr o'r achlysur.

10: Cwningod 9 a 15 Mawrth 2011

Y Normaniaid gyflwynodd gwningod gyntaf i wledydd Prydain, ac mae Gerallt Gymro yn sôn bod rhai ym Mhenfro yn y 12fed ganrif. Cawsant eu magu am eu cig a'u crwyn mewn llefydd pwrpasol – un ai ar ynys neu mewn lle a elwid yn gwningar neu warin – fyddai fel arfer ar dir tywodlyd hawdd ei dyllu, megis twyni tywod. Mi welwch hyd heddiw fod 'Gwningar' a 'Warin' yn enwau lleoedd mewn sawl ardal. Roedd cwningod yn bethau gwerthfawr, ac roedd yn rhaid i'r rhai a'u magai eu harbed rhag anifeiliaid rheibus, adar ysglyfaethus a lladron deudroed.

Parhaodd yr arfer o fagu cwningod fel hyn am ganrifoedd ac yn y 18fed ganrif, roedd cwningaroedd mewn amryw o stadau gwledig. Er i'r cwningod ddianc i diroedd amaethyddol cyfagos wnaethon nhw ddim cynyddu'n ormodol am fod digon o lwynogod, cathod gwylltion (rhai go iawn), ffwlbartiaid, carlymod, bele goed ac adar fel y bwncath a'r barcud o gwmpas i'w hela. Ond, wrth i'r rhain gael eu difa gan giperiaid yn y 19eg ganrif, ac wrth i diroedd gael eu cau a niferoedd gwartheg a defaid gynyddu, cynyddu wnaeth niferoedd y cwningod hefyd. Roedd cynyddu'r stoc amaethyddol yn creu llawer mwy o'r porfeydd byr y mae cwningod mor hoff ohonynt. O ganlyniad daeth y gwningen yn bla go iawn erbyn dechrau'r 20fed ganrif.

Daethant yn gymaint o bla nes y caniateid i wningwyr proffesiynol eu dal efo ffuretau, maglau ac yn arbennig y 'rhwyd fawr', oedd yn cael ei gosod mewn cae yn ystod nos ac yn ymestyn am ugeiniau o lathenni. Yn ystod y ddau Ryfel Byd byddai cwningod yn cael eu dal yn eu miliynau i fwydo pobl y dinasoedd. Er enghraifft, byddai 3 miliwn o gwningod yn cael eu gyrru o siroedd Dyfed bob blwyddyn yn y 1940au ar drenau i Lundain a dinasoedd eraill.

Ond er gwaetha'r holl hela, roedd niferoedd y cwningod

yn dal yn uchel – am eu bod yn magu mor eithriadol o gyflym! Yna, yn 1953, newidiodd pethau'n llwyr pan ledodd clwy'r cwningod – mycsomatosis, neu'r micsi – drwy'r wlad. Erbyn 1955 roedd 98% o gwningod Cymru yn gelain. Yn 1897 y canfuwyd y micsi gyntaf, a hynny yn Uruguay, pan fu stoc o gwningod Ewropeaidd mewn labordy ym Montevideo farw bron i gyd, gan arddangos symptomau'r clefyd. Rhaid oedd aros tan 1942 i ddeall o ble daeth y feirws pan ddarganfuwyd i'r clefyd gael ei drosglwyddo i'r cwningod Ewropeaidd dof gan fosgitos oedd wedi bod yn bwydo ar gwningod gwyllt de America, oedd yn gallu gwrthsefyll y clwy.

Gwelwyd mor gynnar â 1927 bod potensial mawr i'r micsi i reoli pla'r cwningod a chynhaliwyd treialon, yma yng Nghymru a Lloegr yn 1936 ac yn Awstralia yn 1938. Yn Awstralia, gyda llaw, roedd yr arbrawf yn gweithio'n iawn yn y de, lle roedd digon o fosgitos i'w ledu, ond ddim ar y paith sych, sy'n rhydd o fosgitos.

Ar Ynys Sgogwm yn Sir Benfro y cynhaliwyd y treialon Cymreig, ac mae disgrifiad R. M. Lockley o hynny yn ei lyfr *The Private Life of the Rabbit* (1965) yn glasur. Methiant oedd y treialon hynny er gwaethaf cyflwyno ac ailgyflwyno'r clwy, er ei fod yn gwneud ei job yn iawn yn ne Lloegr. Fe gymerodd tan y 1950au i ddeall pam. Yma, chwain sy'n gwneud gwaith mosgitos de America ac Awstralia, ac er bod chwain ar gwningod tir mawr gwledydd Prydain, nid oedd rhai ar gwningod Sgogwm.

Yn 1953 y cyflwynwyd y micsi i boblogaethau de Lloegr, ac ymledodd fel tân gwyllt. Bu adferiad graddol ers hynny wrth i gwningod fagu imiwnedd iddo'n raddol bach, ond go brin y cynyddan nhw byth i'w niferoedd plagus blaenorol.

Mae cwningod wedi procio dychymyg pobl ar draws y byd – yn destun straeon di-rif a chorff mawr o goelion a

Bwni fach ger swyddfa Gwasg Carreg Gwalch, Llanrwst

llên gwerin. Ro'n i wrth fy modd yn ysgol bach Clynnog ers talwm pan fyddai Mr Wilias Sgŵl yn darllen straeon Br'er Rabbit a'i gyfrwystra yn dianc rhag Br'er Fox neu Br'er Bear. Straeon caethweision America oedd y rhain yn wreiddiol, yn tarddu o straeon o Affrica am y sgwarnog ddireidus fyddai'n chwarae triciau ar yr eliffant, y llew a'r haîna. Y bychan yn trechu'r mawr, yntê? 'Os na fyddi gryf, bydd gyfrwys.'

I Geltiaid y cyfandir, byddai cwningen, am ei bod yn bridio mor doreithiog, yn symbol grymus o ryw, ffrwythlondeb ac atgyfodiad bywyd yn y gwanwyn o farwolaeth oerllyd y gaeaf. Parhaodd y gwningen, a'r wy, ill dau yn symbolau cryf o ailenedigaeth y gwanwyn, yn boblogaidd hyd heddiw fel ryw ychwanegiadau seciwlar, siocledaidd, i ddathliadau'r Pasg.

Pennod 2

Adar

1. Y Dryw a'r Calan   **31 Rhagfyr 2005**

Dyma ni, hanner ffordd drwy ddeuddeg dydd gwyliau'r
Nadolig, a diwrnod olaf 2005. Mae'n siŵr y bydd pawb
ohonoch yn aros ar eich traed heno i groesawu'r flwyddyn
newydd i gyfeiliant trawiadau'r hen Big Ben – ac yn codi'ch
gwydrau i ddymuno'n dda i bawb a gwneud addewidion ...
a'u torri nhw cyn pen dim, fel arfer!

Ond heno, ar ben hyn i gyd, peidiwch ag anghofio
troi'ch clociau. Mae hi'n flwyddyn eiliad naid, yn tydi?
Hynny yw, i gadw amseriad y flwyddyn yn gywir mae'n
rhaid ychwanegu eiliad i'r cloc heno. Cofiwch felly, os bydd
rhywun yn gofyn i chi o hyn ymlaen, mewn cwis tafarn
efallai, faint o eiliadau sydd mewn munud, cewch ateb:
'Wel, 60 fel arfer, ond ym munud olaf 2005 roedd 'na 61.'

Roedd llu o hen arferion yn gysylltiedig â gwyliau'r
Nadolig a'r flwyddyn newydd ar un adeg, a llawer ohonyn
nhw'n bethau digon od. Heno, er enghraifft, ar drawiad
hanner nos fe fydda i'n agor drysau a ffenestri'r tŷ yn llydan
agored i adael yr hen flwyddyn allan a'r flwyddyn newydd i
mewn. Ar un adeg buaswn yn mynd i ddwyn giatiau pobl
hefyd i'r un perwyl. Ond peidiwch â gwneud y fath beth
heddiw neu bydd yr hen 'fotymau gloyw' ar eich ôl!

Arfer arall, yn enwedig ym Morgannwg, oedd y Fari
Lwyd. Mae honno, chwarae teg, nid yn unig wedi dal ei thir
ond wedi cynyddu yn ei phoblogrwydd a lledu drwy
Gymru'n ddiweddar – yn enwedig mewn partïon Noswyl
Calan a'r Ystwyll. Mae'r arfer yn deillio o'r cyfnod cyn-
Gristnogol pan oedd gan y ceffyl, oedd yn greadur mor
bwysig i'r hen Geltiaid, ei dduwies warchodol ei hun – sef

Epona. Mae'r geiriau 'poni' ac 'ebol' â'u gwreiddiau yn yr enw hwn.

Arfer arall, sydd wedi dod i ben erbyn hyn, a diolch am hynny, oedd hela'r dryw. Druan o'r dryw – be oedd hwnnw wedi ei wneud i haeddu cael ei erlid adeg gwyliau'r Nadolig, tybed? Byddai'n dal i ddigwydd yn sir Benfro tan ryw ganrif yn ôl – lladd dryw bach a'i roi mewn bocs pren, neu dŷ dryw, oedd yn rubanau lliwgar drosto, a'i gario o dŷ i dŷ wrth ganu penillion gwasael a dymuno lwc dda i bawb. Gwnaed pwynt arbennig o alw heibio tŷ unrhyw bâr ifanc oedd wedi priodi yn y flwyddyn flaenorol gan fod y dryw yn arwydd o ffrwythlondeb. Mae'r dryw yn arfer cael clamp o deulu mawr – dwsin a mwy o gywion – a'r dymuniad oedd y byddai'r pâr ifanc yn ei efelychu!

Ond beth oedd tarddiad y fath arferiad? Wel, yng nghyfnod dathlu'r hen Droad y Rhod paganaidd gwreiddiol, byddai'r dryw druan, adeg y dyddiau byrraf, yn cael ei aberthu i sicrhau y byddai'r dydd yn ymestyn o hynny ymlaen, a'r haf yn dychwelyd. Yn y seremonïau hyn byddai trefn naturiol pethau'n cael eu gwyrdroi: bachgen bach yn cael ei benodi'n frenin y tŷ am y dydd a'r meistr yn paratoi a gweini bwyd i'r gweision, ac ati. Mewn geiriau eraill, deuai'r lleiaf yn bennaf, a dyna oedd y dryw yn ei gynrychioli.

Mae 'na chwedl hynafol iawn yn disgrifio hyn, sef y stori am sut y

Y dryw yw brenin yr adar

daeth y dryw yn Frenin yr Adar. Yn ôl yr hanes roedd yr adar eisiau penodi brenin, a phenderfynwyd y byddent yn dewis yr un a allai hedfan uchaf yn frenin. Cafodd pob un ei dro yn ddigon democrataidd: y robin, y jac-do a'r crëyr glas, ond cododd yr eryr a hedfan yn uwch na neb, gan ddatgan mai ef oedd y brenin. Ond pwy neidiodd allan o'i blu – ar ôl cuddio yno a hitsio lifft – ond y dryw, a hedfanodd yn uwch fyth a gweiddi: 'Na! *Fi* ydi Brenin yr Adar'. Ac, yn ôl y rheolau, fo enillodd y teitl. Wrth gwrs, neges y stori yw 'os na fydded gryf, bydded gyfrwys'!

2. Tylluanod   7 Ionawr 2006

Mae'n ddifyr sut mae agweddau pobl tuag at y dylluan yn amrywio cymaint rhwng gwahanol rannau'r byd. Yn y rhan fwyaf o wledydd y gorllewin mae'r dylluan yn dynodi doethineb. A hawdd yw credu hynny gan fod ei llygaid

mawr yn edrych mor dreiddgar arnoch chi. Ond yn y gwledydd Celtaidd, a hefyd yn Tsieina, mae'r dylluan yn arwydd o farwolaeth – hi sy'n trosglwyddo'r enaid i'r byd arall.

Mae llawer o goelion digon difyr am dylluanod ledled y byd:

Annwyl, tylluan frech a fagwyd gan Miss Joan Addyman, Cilfor, Talsarnau (Llun: Ted Breeze Jones)

- I gadw'n effro drwy'r nos byddai aelodau o lwyth brodorol y Cherokee yn golchi eu llygaid efo dŵr oedd yn cael ei daenu â phluen tylluan.
- Mewn rhannau o Ewrop byddai rhoi calon a throed dde tylluan ar frest rhywun sy'n cysgu yn peri iddo roi ateb gwir i bob cwestiwn. Dyma darddiad y ffasiwn yn Oes Fictoria o wisgo troed tylluan mewn broetsh arian ar y frest, fel arwydd o lwc a chalon bur. Mae hyn wedi hen fynd allan o ffasiwn erbyn heddiw, wrth lwc!
- Yn ne Ffrainc mae sgrech tylluan yn arwydd bod dynes feichiog yn mynd i gael merch.

O fytholeg y Groegiaid y daw'r syniad o'r dylluan ddoeth. Mae'n deillio o achlysur arbennig pan oedd byddin y Groegiaid yn gorymdeithio i ryfel yn erbyn y Persiaid. Yn sydyn, hedfanodd tylluan dros y fyddin Roegaidd. Ystyrid hyn yn arwydd sicr o drychineb, ond ymlaen â nhw i'r frwydr fawr. Enillwyd y frwydr a chafwyd buddugoliaeth enfawr, gan chwalu'r gelyn yn racs! Dyma feddwl wedyn mai arwydd o lwyddiant oedd y dylluan yn hedfan uwch eu pennau ac mai trychineb i'r Persiaid oedd yr arwydd. O ganlyniad, cafodd y dylluan ei hymgorffori i chwedloniaeth y Groegiaid fel hoff aderyn Minerva, duwies doethineb. Drwy'r cyswllt â'r dduwies y daeth y dylluan hefyd i gael ei hystyried yn ddoeth – delwedd sy'n dal yn gryf hyd heddiw, yn enwedig mewn cartŵns Disney ac ati, ac mae hyd yn oed yn logo i un gymdeithas adeiladu nid anenwog.

Mae 'na ryw arlliw o'r dylluan ddoeth yn chwedl Culhwch ac Olwen yn y Mabinogion, pan mae Tylluan Cwm Cawlyd, un o greaduriaid hynaf a doethaf y byd, yn helpu Culhwch i ganfod Mabon fab Modron a fu ar goll am ganrifoedd.

I'r hen Gymry, symbol o dywyllwch, y gaeaf a marwolaeth oedd tylluan, mewn cyferbyniad â'r eryr:

deryn Lleu, duw'r haul a gynrychiolai'r haf, ffrwythlondeb a goleuni. Dim rhyfedd i Blodeuwedd druan, wedi iddi fradychu Lleu Llaw Gyffes, gael ei throi'n dylluan – aderyn y nos, na feiddiai ddangos ei hwyneb yng ngolau dydd ar boen cael ei herlid gan yr holl adar eraill.

Coel gref iawn yng Nghymru, yn enwedig am y dylluan wen, yw mai hi yw'r aderyn corff – oherwydd ei golwg ysbrydaidd yn hedfan yn y nos, a'i bod yn aml iawn i'w gweld mewn mynwentydd ac yn nythu mewn tyrau eglwysi. Ond gallai'r aderyn corff, mewn gwirionedd, fod yn unrhyw un o'r canlynol:

- Aderyn a ddeuai i'r ffenest, neu hyd yn oed i'r tŷ, e.e. robin goch, yn enwedig os oedd rhywun claf oddi mewn.
- Tylluan yn hwtian ger tŷ rhywun claf yn y nos – dywedid ei bod wedi dod i nôl yr enaid.
- Tylluan yn disgyn i lawr y simdde i'r tŷ – arwydd y byddai marwolaeth yn y teulu yn fuan.

Cartŵn a ymddangosodd yn Y Cymro *rai blynyddoedd yn ôl*

Mae 'na stori dda am dderyn corff ym Mhenmorfa. Hanes yw hwn am ddau was ifanc yn aros yn llofft stabl un o ffermydd yr ardal flynyddoedd lawer yn ôl, ac yn edrych ymlaen at y ffair gyflogi yn y pentref y diwrnod wedyn. Beth bynnag, ganol nos cafodd y ddau eu deffro'n sydyn gan sŵn crafu erchyll ar lechi'r to. Roedd tylluan wedi glanio ar y sgeilat a dechrau sgrechian, nes oedd gwaed y ddau lanc wedi fferru! Methodd un ohonyn nhw, Evan Owen, â chysgu winc weddill y noson gan ei fod yn ofni pwy fyddai farw cyn y bore, ac yn gweddïo'n daer mai'r llanc arall, yn hytrach na fo, fyddai hwnnw. Yn y bore, penderfynodd Evan beidio mynd i ffair gyflogi Penmorfa, a chododd ei bac a'i throi hi am ffair gyflogi Caernarfon. Cafodd waith yno, gan setlo yn Waunfawr.

Hanner can mlynedd yn ddiweddarach bu iddo ddigwydd cyfarfod unwaith eto â'r llanc y bu'n rhannu'r llofft stabl ag o ym Mhenmorfa. Cyfaddefodd ei fod wedi aros yn effro drwy'r nos yn gweddïo mai'r bachgen arall fyddai'n marw. 'Wel, wyddost ti be?' meddai'r llall, 'mi dreuliais inna'r noson hefyd yn gweddïo mai chdi fyddai'n marw, nid fi!'

3. Eryrod   14 Ionawr 2006
Deryn sy ddim i'w gael yng Nghymru bellach yw'r eryr. Dydi o ddim wedi llwyddo i nythu yma ers canrifoedd, mewn gwirionedd. Ond er gwaethaf hynny mae wedi dal ei afael yn dynn yn ein dychymyg cenedlaethol ni hyd heddiw. A dim rhyfedd chwaith – hwn, wedi'r cyfan, oedd aderyn Lleu, duw'r haul i'r hen Geltiaid, ac fe'i gwelir ar sawl arfbais, hen a diweddar, yn arwydd o gadernid.

Yn yr Alban y mae eryrod i'w gweld yn bennaf – mae 'na ryw 400 pâr o'r eryr melyn neu eryr euraid yn nythu yno, ac ambell flwyddyn bydd pâr yn mentro nythu yn Ardal y

Llynnoedd yng ngogledd Lloegr, ac weithiau hyd yn oed ar glogwyni glannau Gogledd Iwerddon. Erbyn hyn mae ail fath o eryr yn nythu ar ynysoedd gorllewinol yr Alban hefyd – mae yno ddyrnaid go lew o barau o'r eryr tinwen neu eryr y môr. Cafodd hwn ei ailgyflwyno i Rhum yn 1975 ar ôl absenoldeb o 60 mlynedd wedi i'r un olaf gael ei saethu yn 1916. Fe'u hailgyflwynwyd i orllewin Iwerddon hefyd erbyn hyn. Cymru nesa? Tybed.

Ond beth am hanes eryrod yng Nghymru? Mae tystiolaeth archeolegol y buon nhw yma o gyfnod cynnar iawn. Cafwyd esgyrn eryrod mewn ogofâu ym Mhenrhyn Gŵyr, sir Gaerfyrddin a Dyffryn Clwyd. Ceir sawl cyfeiriad atynt yn y Mabinogion – mae Lleu Llaw Gyffes yn troi'n eryr ar ôl cael ei drywanu gan bicell Gronw Pebr. A beth am Eryr Gwernabwy a roddodd gyngor i Culhwch yn ei dasg i ddarganfod Mabon fab Modron, y gŵr fu ar goll ers canrifoedd? Roedd Culhwch am help y creaduriaid hynaf a doethaf yn y byd – a'r eryr yn un ohonyn nhw.

Rhaid i ni beidio ag anghofio chwaith am Eryr Pengwern, yn glanio ymysg cyrff y meirw wedi'r gyflafan fawr pan laddwyd Cynddylan, ac yn sgrechian yn erchyll wrth fwyta cyrff y milwyr meirwon.

Ceir amryw o enwau lleoedd yn cynnwys yr elfen 'eryr', e.e. Bryn Eryr; Trwyn yr Eryr ym Môn, ac mae 'Eryri', o bosib, yn enghraifft arall. Yn ôl un hen draddodiad byddai eryrod Eryri yn gallu rhagfynegi canlyniad brwydrau. Pan fyddent yn hedfan yn uchel, deuai buddugoliaeth ond os oedden nhw'n hedfan yn isel gan sgrechian, gwell fyddai aros adref! A phan gurai'r eryr ei adenydd dros Eryri, fe ddeuai storm!

Mae sôn hefyd bod eryr mawr yn amddiffyn y fynedfa i Ogof Arthur ar fynydd Lliwedd, a'i fod yn barod i ddeffro'r milwyr petai unrhyw un yn darganfod y fynedfa honno. Ceir stori debyg iawn yng nghyffiniau Caerdydd, lle mae tri

Enw fferm ger Llanfihangel Glyn Myfyr, Cerrigydrudion

eryr yn amddiffyn trysor Ifor Bach mewn ogof gudd oddi tan Gastell Coch.

Daw sawl cofnod o eryrod yng Nghymru o'r 16eg-17eg ganrif, megis:

- Nododd Leland (1540) eu bod yn nythu ar Ddinas Brân – '*doth sorely assault him that destroith the nest by going down in one basket & having another over his hedde to defend against the sore stripe of the Egle.*'
- Mae Papurau Wynniaid Gwydir (1570) yn crybwyll colledion stoc, gan gynnwys dafad a laddwyd gan eryr.
- Roedd Thomas Johnston (1639) eisiau chwilio am blanhigion prin ar yr Ysgolion Duon, ond wnâi neb ei arwain yno gan fod eryr yn nythu ar y clogwyn
- Cofnododd Edward Llwyd (1690au) fod hen bobl yn cofio eryrod yn nythu yn Eryri, ond ddim ers pan oeddent yn ifanc.

Yng Nghymru, yr enw ar glefyd y *shingles* ydi'r eryr (gan ei fod yn pigo fel crafanc eryr yn y croen) a cheir hen goel ddifyr y gall rhywun sydd wedi bwyta cig eryr iacháu'r cyflwr drwy boeri arno, a bod y gallu hwn yn trosglwyddo o un i'r llall am naw cenhedlaeth. Yn ôl y sôn, roedd gŵr o Bencaenewydd yn meddu ar y ddawn ar ddechrau'r 20fed ganrif. Yn ddifyr iawn, roedd hynny ryw 300 mlynedd ar ôl i eryrod beidio magu yng Nghymru, ac mae hynny yn cyfateb i tua naw cenhedlaeth!

Mae cofnodion diweddarach o Benpont, Aberhonddu: yn 1859, saethwyd eryr oedd yn lladd oen. Clwyfwyd yr eryr a bu bron iddo ladd y ci. Bu eryrod ar Ynys Sgomer rhwng 1915 a 1932, ond rhai wedi eu gollwng yn rhydd oedd y rhain, a cheir cofnodion achlysurol o adar ifanc wedi crwydro o'r Alban, er enghraifft i Gors Caron yn 1990.

4. Cigfrain   21 Ionawr 2006

Dyma aderyn arall sydd â llu o goelion a llên gwerin amdano. Cafodd y gigfran ei herlid yn ddidrugaredd dros y canrifoedd, ond er gwaethaf pawb a phopeth, llwyddodd i ddal ei thir ac adfer ei niferoedd yn eithriadol o lwyddiannus.

Y rheswm am yr holl erlid oedd i'r gigfran druan gael bai ar gam am ladd ŵyn bach. Yr hen frân dyddyn ydi'r lladdwr ŵyn, ond bod y gigfran yn cael ei phardduo yn ei sgil hi! Na, celanedd yw bwyd naturiol y gigfran, ac anaml iawn y cymerith hi ddim byd nad yw wedi marw yn gyntaf.

Ei hoffter o gelanedd arweiniodd at ei chysylltu hi, yn enwedig yn y Canol Oesoedd, â maes y gad, lle deuai i wledda ar gyrff milwyr ar ôl brwydr. Oherwydd hynny daeth yn arwydd rhyfel a marwolaeth i'r Celtiaid a'r Llychlynwyr. Byddai'r Llychlynwyr yn cario baner fawr a llun cigfran arni ar flaen eu byddin pan yn mynd i ryfel. Y *Landeyda* (rheibiwr y tir) oedd enw'r faner hon, ac roedd yn bwysig iawn ei bod yn chwifio yn y gwynt bob amser i sicrhau llwyddiant mewn brwydr. Petai hi'n mynd yn llipa credid y byddent yn colli. Dyna pam y dewisid dyn cryf iawn i'w chario – byddai angen ei chwifio'n ddi-baid i gadw'r hen frân ar ei hediad!

Byddai'r Llychlynwyr hefyd yn mynd â chigfran ar eu mordeithiau, a'i gollwng pan oedden nhw ymhell allan yn y môr. Os byddai tir dros y gorwel, ehedai'r gigfran tuag ato – gan roi arwydd o'r ffordd gywir i hwylio, yn union fel yn achos Noa!

I'r Celtiaid, roedd y gigfran yn gysylltiedig â'r tair duwies rhyfel. Un o'r rhain, ar ffurf cigfran, ddaeth i sefyll ar ysgwydd yr arwr mawr Gwyddelig Cú Chulainn, wedi i'w gorff marw gael ei glymu ar ei sefyll ar faen hir o flaen byddin Leinster. Tra safai Cú Chulainn doedd neb o wŷr Leinster am feiddio mentro 'run cam yn nes, ond pan laniodd y gigfran-dduwies ar ei ysgwydd a thynnu llygad Cú Chulainn o'i ben, roedd y gelyn yn gwybod ei fod wedi marw ac ymlaen â nhw! Byddai cigfrain yn hoff iawn o lygaid pobl oedd wedi trengi ar y mynydd hefyd, a chyn dyddiau'r Gwasanaeth Achub Mynydd, byddai'r cyrff, weithiau, yn cael eu darganfod, ymhen wythnosau, a hynny heb eu llygaid!

Yn y Gododdin (y gerdd Gymraeg gynharaf yn dyddio o'r 6ed–7fed ganrif) mae'r llinell 'bu bwit bran; bu budd do bran', yn golygu y bu'n fwyd ac yn fudd i'r brain. Mae llawer iawn o gyfeiriadau at gigfrain yn dilyn byddinoedd yn yr hen ddyddiau – am eu bod yn gallu nabod criw o filwyr, gan wybod yn iawn y byddai celanedd ar gael yn eu sgil. Gwelir hyn yng ngweithiau Taliesin ac Aneurin yn y canol oesoedd, ac yn hanesion brodorion gogledd America hefyd. Hyd yn oed heddiw yn yr Alban, mae cigfrain wedi

Cigfran ar yr Wyddfa: un o'r cyfrwysaf o'r holl adar

dysgu adnabod a dilyn o hirbell y partïon hela ceirw, gan wybod yn iawn y bydd gweddillion blasus ar ôl helfa lwyddiannus.

Mae stori ryfeddol o Ganada sy'n werth ei hadrodd, am heliwr yn crwydro ym mynyddoedd y Rockies. Roedd o'n cerdded ar hyd crib pan laniodd pâr o gigfrain ar goeden gerllaw a dechrau crawcian – 'Drrrr! Drrr! Drrr!' Digwyddodd edrych i lawr i'r dyffryn oddi tano a sylwi fod clamp o arth *grizzly* fawr yn dod i'w gyfeiriad o. 'Da iawn,' meddyliodd, 'y brain yn fy rhybuddio.' Cerddodd yn ei flaen o ffordd yr arth. Ond daeth y brain ar ei ôl a chrawcian eto. Edrychodd am yr arth a sylwi ei bod wedi newid ei chyfeiriad, a'i bod yn dal i ddod yn syth amdano. Sylweddolodd y dyn nad ei rybuddio fo oedd y brain, ond tynnu sylw'r arth at bryd o fwyd go flasus! Petai'r creadur rheibus wedi dilyn sŵn y brain a dal y dyn, byddai'r gweddillion yn siŵr o fod yn wobr i'r ddwy gigfran. Cyfrwys, yntê? Rhedeg wnaeth y gŵr!

Tra 'mod i'n sôn am gigfrain yn trosglwyddo

gwybodaeth, mae 'na gerfiadau yn Norwy o'r duw Odin â dwy gigfran, un ar bob ysgwydd, yn sibrwd i'w glustiau. Dyna sut y gwyddai Odin am bob dim – am fod y brain yn hedfan rownd y byd bob dydd ac yn adrodd yr hyn a welwyd iddo bob nos. Mae hynny'n fy atgoffa o rywbeth yn nes at adref – pan o'n i'n hogyn bach roedd gan Mam a 'Nhad y gallu rhyfeddaf i ddod i wybod am y drygau yr oeddwn yn eu gwneud. A phan holwn pwy achwynodd, yr ateb bob tro fyddai, 'yr hen frân wen'. Mae'n rhaid bod cysylltiad, yn does?

5. Gwenoliaid   15 Ebrill 2006

'Un wennol ni wna wanwyn' meddan nhw, yntê? Ac mae hynny'n ddigon gwir hefyd – yn enwedig eleni – os gwelwyd ambell wennol yn ystod y mis diwethaf, pasio drwodd am y gogledd roedden nhw. Mae'r gwenoliaid sy'n nythu yma yn dal ar eu ffordd yn rhywle.

Mae'r wennol yn un o'n hadar mwyaf poblogaidd ac annwyl; o bosib am ei bod â chyswllt mor agos â phobl ac yn arwydd mor bendant o'r haf. Ond mae 'na wahanol fathau o wenoliaid – y wennol gyffredin hefo'i chynffon fforchog hir a lliw coch dan ei gên, sy'n nythu mewn beudai; gwennol y bondo sydd â chlwt gwyn ar ei chrwmp ac yn nythu dan y bondo (lle arall!); a gwennol y glennydd – yr un fach frown sy'n nythu mewn clogwyn pridd neu dorlan afon. Un arall yw'r wennol ddu, neu'r sgrechiwr. Tydi hon ddim o'r un teulu â'r gwenoliaid go iawn, ac mae hi'n cyrraedd yn hwyrach yn hanner cyntaf Mai, ac yn gadael yn gynnar – adeg y Steddfod, ddechrau Awst.

Mae'n anlwcus iawn amharu ar nyth gwennol – fel y gwelwn ni o'r hen ddywediad hwnnw o Sir Gaerfyrddin: 'Pwy bynnag dorro nyth y wennol – Chaiff e byth fynd i'r nefoedd.'

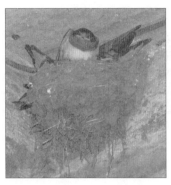

Nythaid o gywion gwenoliaid

Mae'n cael ei ystyried yn anlwcus hefyd os metha'r gwenoliaid ddod yn eu holau'r flwyddyn ganlynol i nythu yn eich beudai neu o dan fondo'r tŷ. Ond dychwelyd fyddan nhw fel arfer, gan ddod â lwc i chi a'ch teulu. Mae eu trydar bach hyfryd a'u prysurdeb yn rhywbeth dymunol iawn, yn tydi? Mae'n gwneud i chi deimlo'n eithaf breintiedig eu bod nhw wedi'ch dewis chi – wel, oni bai eu bod nhw wedi nythu uwchben y drws ac yn gwneud llanast!

Mae'n debyg gen i mai'r cysylltiad agos â phobl sy'n egluro bod cymaint o goelion a straeon gwerin am y wennol – a hynny bron o bob cwr o'r byd. Er enghraifft, sut cafodd y wennol gynffon fforchog? Daw'r ateb mewn stori o Tsieina am y sarff yn gofyn i'r wennol gwaed pa greadur oedd y mwyaf blasus. Wyddoch chi be? – gwaed dyn yw hwnnw!

Er mwyn arbed y ddynoliaeth, oedd yn rhoi lle iddi nythu, dywedodd y wennol gelwydd, sef mai gwaed y llyffant dafadennog oedd fwyaf blasus. Dyma'r sarff yn dal y llyffant druan a cheisio'i fwyta fo. Mewn gwirionedd, mae'r llyffant dafadennog yn ofnadwy o chwerw, ac roedd y sarff mor flin am y twyll nes y ceisiodd frathu'r wennol yn ei thin! Ond roedd y wennol yn llawer rhy gyflym a chafodd y sarff ddim byd ond cegaid o blu – a dyna pam fod bwlch, neu fforch, yng nghynffon y wennol hyd heddiw.

A sut cafodd y wennol wddw a thalcen coch? Yn ôl stori o Sbaen, am fod gwenoliaid wedi ceisio tynnu'r goron ddrain oddi ar ben yr Iesu ar y Groes, a'r gwaed wedi staenio eu hwynebau.

Mae coel hefyd bod y wennol yn gweld yn eithriadol o dda, sy'n egluro sut y gall ddal pryfed ar gyflymdra. A'r rheswm pam, yn ôl y Groegiaid, ydi ei bod yn iro llygaid ei chywion â sug melyn y melynllys, neu lysiau'r wennol. *Chelidonium majus* yw enw gwyddonol y planhigyn, yn tarddu

Dyma'r dull o atal y gwenoliaid sy'n nythu ym mhortsh Eglwys Maentwrog rhag bawa ar hetiau'r merched ar fore Sul

o *Chelidon*, sef yr enw Groegaidd am wennol. Ond peidiwch â mentro rhoi'r sug melyn ar eich llygaid eich hun – mae o'n llosgi, ac yn fwy cymwys i'w ddefnyddio i ladd dafaden ar y croen.

Mae hen rysáit ddifyr iawn i ddyn gael llwyddiant efo merch. Gwrandewch, ddynion: os ydych chi'n ffansïo rhyw hogan, y cwbl sy angen ei wneud yw dal gwennol, ei lladd a'i llosgi, ac yna cymysgu'r lludw mewn gwin coch a'i roi i'ch cariad. Bydd yn siŵr o fod yn boeth amdanoch chi wedyn!

Mae'n gwenoliaid ni yn gaeafu yn Ne Affrica, yn comiwtio rhwng Trawsfynydd a'r Transvaal! Ond mae rhai mathau o wenoliaid sy ddim yn mudo, ac yn aros yn Ne Affrica i nythu. Mae'r enw brodorol ar y rheiny yn ardal y Transkei yn golygu 'y dyn gwyn bach'. Sail yr enw yw bod y wennol yn adeiladu ei thŷ efo brics – yn union fel y dyn gwyn. Hynny yw, yn gegeidiau o fwd, un ar ben y llall fel brics, tra bo'r brodorion yn codi waliau eu tai yn haenau hir o fwd, fel tai mwd Llŷn neu dai clom Dyfed ers talwm.

6. Y Gog

Ydach chi wedi clywed y deunod 'na eto? Mae o mor nodweddiadol o'r gwanwyn a dechrau'r haf: 'Fy amser i ganu yw Ebrill a Mai, a hanner Mehefin, chwi wyddoch bob rhai ...'

Am y gog dwi'n sôn, wrth gwrs, ac mae hi'n amser iddi gyrraedd, bellach. Os nad ydych chi wedi ei chlywed hi, ewch am y topiau 'na, oherwydd i fyny ar y ffriddoedd y bydd hi i'w chlywed gyntaf: 'Y cynta lle y cân y cogydd, Yw y fawnog ar y mynydd.' Yn hynny o beth, dwi'n ystyried fy hun mewn lle ffafriol i'w chlywed hi – ar Lôn Pant-y-gog sy'n mynd heibio drws y tŷ acw. Mae Pant-y-gog ar gyrion Cors y Llyn yng Nghwm Dulyn, uwchben Dyffryn Nantlle. Yma y daw hi gyntaf, fel arfer. Ar 20 Ebrill y'i clywais hi ar y gors gyntaf eleni. Daw'n gynt i sir Benfro: i ganu ar y groes Geltaidd fendigedig, Croes Brynach, ym mynwent Eglwys Nanhyfer, ar 7 Ebrill bob blwyddyn, yn ôl y traddodiad.

Y gog lwydlas, Trawsfynydd (Llun: Keith O'Brien)

Ond tydi hi ddim yn beth da ei chlywed hi'n rhy gynnar chwaith, yn enwedig os yw hi'n wanwyn hwyr. Oherwydd i'r ffermwr, byddai'r dyddiad pryd y clywid y gog neu weld arwyddion eraill y gwanwyn yn darogan llwyddiant y tymor i ddod. Yn ôl hen rigwm o Feirionnydd: 'Os cân y gog ar ddreinllwyn llwm, Gwertha dy geffyl a phryna bwn'. Hynny yw, mae'n debyg o fod yn flwyddyn y bydd ŷd yn brin, felly gwell prynu digon ohono tra mae o ar gael. Ar y llaw arall: 'Os cân y gog ar ddreinllwyn deiliog, Câd dy geffyl a phryn geiliog.' Hynny yw, bydd digonedd o ŷd.

Mae dywediad ynglŷn â gwneud caws cartref: 'Cwcw Glanmai, cosyn dimai, Cwcw'r ha', cosyn da' – sy'n ffordd o ddweud bod caws wneir yn yr haf yn well na chaws cynnar. Caws y gwcw fyddai caws cynnar yn cael ei alw yn Sir Frycheiniog.

Ond y peth pwysicaf o bell ffordd ydi be ydach chi'n ei wneud pan glywch chi hi'n canu gyntaf, gan y gall hynny fod yn arwydd o'r hyn fyddwch chi'n ei wneud am y flwyddyn i ddod! Felly, pan glywch hi gyntaf:

- Gwnewch yn siŵr fod arian yn eich poced – tynnwch nhw allan a phoerwch arnynt, neu eu troi drosodd yn eich llaw os ydach yn sidêt. Os nad oes gennych bres – tlawd fyddwch am y flwyddyn. Da chi, peidiwch â chymryd benthyg pres ar gyfer hyn neu mewn dyled fyddwch chi!
- Gwnewch yn siŵr eich bod yn sefyll ar borfa las – bydd hynny'n sicrhau y byddwch yn fyw i'w chlywed y flwyddyn nesa. Os byddwch chi ar goncrit neu garreg, da chi, neidiwch i'r borfa!
- Os ydych chi'n eistedd, codwch a gwnewch rywbeth, neu diog fyddwch chi am weddill y flwyddyn.
- Anlwcus ydi ei chlywed o'ch gwely – siawns mai sâl, gorweddog neu ddiog fyddwch chi am y flwyddyn. I

osgoi hynny, codwch yn reit sydyn, neu trowch a rhowch gusan i'r wraig neu pwy bynnag sydd yn y gwely hefo chi. O leia wedyn, fe gewch fywyd carwriaethol go lew am flwyddyn gron gyfan!

- Mae rhai yn dweud ei bod yn anlwcus ei chlywed cyn brecwast – am mai stumog wag fydd ganddoch chi am weddill y flwyddyn.
- Ac os ydach chi ar y tŷ bach ar y pryd, mae hi wedi c... canu arnoch chi!

Coel gyffredin yw yr arhosith y gwanwyn tra arhosa'r gog. Dyna sail y straeon o bob gwlad yn Ewrop am rai yn codi gwrych i'w chadw i mewn. Yng Nghymru, mi wnaeth pobl Dolwyddelan hynny, ac ym Mawddwy, codi corlan gron go uchel wnaethon nhw. A phan hedodd cog Dolwyddelan dros y gwrych, dyma un lleol yn dweud, 'Tae o chydig bach yn uwch fyddai hi ddim 'di medru.'

Ond dianc wnaiff hi, bob tro, a mudo i Affrica am y gaeaf. A tydi'r goel ei bod hi'n troi'n walch glas dros y gaeaf ddim yn wir, a tydi hi ddim ychwaith yn mynd i hongian gerfydd ei phig mewn ogof (fel yn un hen goel Gymreig). Na, mae'r gwir yn rhyfeddach fyth. Meddyliwch am y peth – bod y cywion, ddechrau Awst, yn ffeindio'u ffordd yr holl ffordd i ganolbarth Affrica yn hollol reddfol. Hynny yw, heb unrhyw arweiniad gan eu rhieni, fel yn achos adar eraill. Mae'r hen gogau yn 'madael am Affrica ddwy neu dair wythnos cyn y cywion, yng nghanol Gorffennaf, ac eto mae'r cywion yn ffeindio'u ffordd yn saff. Anhygoel.

7. Hwyaid   2 Rhagfyr 2006

Mi welwch lawer o hwyaid dros y gaeaf yn yr aberoedd a'r llynnoedd, a llawer iawn o wahanol fathau. Y tair fwyaf cyffredin o bell ffordd yw'r hwyaden wyllt sy'n niferus iawn; y chwiwell â'i chwiban nodweddiadol, sy'n pori ar y morfeydd; a'r gor-hwyaden, neu'r dilsan, yn nŵr bas yr aberoedd fel arfer, neu'n cuddio yn y gwelyau cyrs o gwmpas llynnoedd.

Ond mae sawl math arall hefyd. Gwelir yr hwyaden bengoch, y gopog, a'r hwyaden llygad aur ar y llynnoedd – plymio i nôl tyfiant o waelod y llyn wna'r rheiny. Mae'r hwyaden ddanheddog yn treulio'i hamser ar afonydd – plymio mae hon hefyd, ond i ddal pysgod yn ei hachos hi, a dyna pam nad yw pysgotwyr yn hoff ohoni! Yn yr aberoedd mae hwyaden yr eithin, yr hwyaden lostfain a'r lydanbig, yn ogystal â'r hwyaden frongoch (pysgota mae'r frongoch hefyd, fel y ddanheddog, sy'n perthyn yn agos iddi). Allan ar y môr fe welwch set arall o hwyaid, y rhai sy'n plymio am gregyn a chrancod fel y fôr-hwyaden ddu. Mae hon i'w gweld yn ei channoedd – miloedd hyd yn oed – yn y baeau mwyaf cysgodol, a heidiau bychain o hwyaid

Hwyaden lostfain, sy'n ymwelydd gaeaf â Morfa Glaslyn
(Llun: Emyr Evans)

cynffon hir a hwyaid mwythblu yn eu mysg. Oes, mae tipyn o wahanol fathau i'w gweld.

Yr hwyaden wyllt gyffredin yw'r un fwyaf cyfarwydd i ni o bell ffordd – mae hi'n magu yma ac i'w gweld rownd y flwyddyn. Ohoni hi y tarddodd y mwyafrif o'r bridiau dof sy'n cael eu cadw, neu oedd yn arfer cael eu cadw, ar ffermydd ers talwm. Yn yr Aifft y dofwyd hwyaid gyntaf, gyda llaw, tua 1,500 CC, ond ymledodd yr arfer i Ewrop yn fuan wedyn. Mae tarddiad ei henw Saesneg, *mallard*, yn ddifyr, ac rydym ninnau'n defnyddio enw tebyg iawn, sef marlat, am geiliog hwyaden ddof yn y Gymraeg. Tardda'r enw hwn o gyfuniad o Ffrangeg Normanaidd oedd, yn ei dro yn dod o'r Lladin *masculus*, sef gwryw, a *hard* ar y diwedd yn dod o'r Hen Almaeneg, eto yn pwysleisio'r elfen wrywaidd. Felly 'tra-gwrywaidd' yw ystyr yr enw. Mae'n siŵr bod y ddelwedd honno'n siwtio'r hen Ffrancwyr i'r dim gan fod y marlat yn mynd yn hollol wallgof adeg y tymor cydmaru ac yn erlid yr ieir yn ddidrugaredd. Mae o'n rêl siofinist hefyd am ei fod, unwaith mae o wedi sathru pob iâr sydd ar gael, yn eu gadael i nythu, gori a magu'r cywion ar ben eu hunain.

Wrth i mi sôn am farlat serchwyllt, dwi'n cael fy atgoffa o haf poeth 1986. Bryd hynny, penderfynais fynd i nofio yn Llyn Mair, Maentwrog. Ro'n i yng nghanol y llyn, pan ffansïodd ryw hen farlat dof fi. Ceisiodd fy sathru, gan fynnu dringo ar fy mhen i yn y dŵr. Rargian, roedd o'n drwm, ac mi fuasai'n hawdd iddo fod wedi fy moddi! Drwy lwc llwyddais i'w gadw hyd braich, ac roedd o'n ddigon hapus yno yn ceisio cydmaru efo cefn fy llaw!

Roedd gan hwyaid le amlwg yng nghrefydd rhai o'r hen lwythau Celtaidd. Mae delweddau ohonynt ar blatiau efydd, a cheir modelau efydd o hwyaid yn gysylltiedig â duwies rhyw afon neu lyn. Yn Ffrainc, canfuwyd model o dduwies yn sefyll mewn cwch ar afon Seine – roedd y cwch ar ffurf hwyaden. Roedd yn aderyn sanctaidd i'r hen Geltiaid, yn medru symud drwy dri chyfrwng – awyr, daear a dŵr.

Glywsoch chi am y goel fod anadl hwyaden yn dda i iachau'r gan, y dolur gwddw hegar hwnnw sy'n achosi gwynder yng nghefn y geg. Byddai'r feddyges, neu wrach wen yn y dyddiau a fu, yn dod â hwyaden wen at wely'r claf, ac ar ôl mwmblan rhyw chydig o swynion, yn rhoi pig, neu hyd yn oed pen, yr hwyaden yng ngheg y dioddefwr. Ac wrth i'r claf anadlu anadl yr hwyaden byddai'r gan yn dechrau gwella. Gwneid hyn am tua phum munud ar y tro am naw bore yn olynol, ac roedd y driniaeth yn gweithio. Byddai wedi gwella ohono'i hun beth bynnag, mae'n debyg!

Mae hwyaid hefyd yn gysylltiedig â'r tywydd. Pan fydd yn pistyllio bwrw, dywedir ei bod yn 'dywydd da i hwyaid'. Ac os gwelwch chi hwyaid yn chwarae, plymio a sblasio ar wyneb llyn, mae glaw ar ei ffordd!

Teulu bach yn torheulo, Dyffryn Mawddach

8. Helô Adar yr haf   11 Ebrill 2009

Ydach chi wedi'u clywed neu eu gweld nhw eto? Rydw i'n cyfeirio at yr adar bach ddaw yma dros yr haf i nythu ac a fydd yn canu nerth eu pigau ar bob llwyn cyn bo hir. Mae 'na gymaint o wahanol fathau ohonyn nhw. Mae cân y siff-saff bach yn hawdd ei nabod: 'siff-saff-siff-saff'; daw tinwen y garn a gwennol y glennydd cyn diwedd Mawrth, a gyda lwc fe glywch felodi soniarus telor yr helyg. Yn Ebrill daw'r gwenoliaid i nythu yn y sguboriau ac ar dalcen y tŷ, a daw'r pen cantor hwnnw, y telor penddu, i ymarfer ei gân. Yn y corsydd fe glywch gân gras telor yr hesg, ac yn y coedydd derw cewch y deryn bach del du a gwyn hwnnw, y gwybedog brith.

Rhaid peidio anghofio'r adar mwy, fel gweilch y pysgod ar forfeydd afonydd Glaslyn a Dyfi. Daethant yn eu holau i nythu yng Nghymru wedi absenoldeb o ganrifoedd, a rhaid eu gwarchod yn ofalus rhag crafangau blewog lladron wyau, fyddai wrth eu bodd yn meddiannu'r wyau Pasg mwyaf gwerthfawr drwy Gymru gyfan.

Un peth eithriadol o ddifyr am hyn i gyd, a hynny ar wahân i deithiau ymfudol anhygoel rhai adar, yw eu hamseriad. Mor bwysig ydi cael hynny'n iawn, ac mor beryg ydi methu. Bydd rhai o'n hadar brodorol mwyaf mentrus ni, os yw hi'n wanwyn cynnar a thyner, yn dechrau nythu'n gynnar iawn yn y flwyddyn, cyn gynhared â mis Chwefror neu ddechrau Mawrth. Wel, chwarae teg iddyn nhw am wneud yr ymdrech, ond mae'n job go beryg – yn dipyn o gambl mewn gwirionedd oherwydd gall y tywydd oeri'n sydyn iawn. Mor hawdd yw cael eira ym Mawrth ac i'r cywion lwgu. Gwir y dywediad: 'Os cân yr adar yn Chwefror, mi fyddant yn crio cyn Clanmai.'

Ond os digwydd iddynt lwyddo i fagu eu cywion yn gynnar mae'r wobr yn fawr. Bydd gan y cywion cynnar hyn y fantais o gael llawer mwy o amser i fagu profiad yn ystod

Gwybedog brith, Glyn Rhonwy, 2018.
Ymwelydd haf o orllewin Affrica. (Llun: Gareth Jones)

y flwyddyn, sy'n cynyddu eu siawns o oroesi. Hefyd, o gael yr hatsiad gyntaf o'r ffordd yn gynnar gall y rhieni fynd ati i gael ail, a hyd yn oed trydydd, hatsiad.

Heblaw am y siawnswyr hyn, mae 'na drefn go bendant i amseriad nythu fel arfer. Y tric yw medru amseru cyfnod bwydo'r cywion i gyd-fynd â phryd y mae'r cyflenwad bwyd ar ei orau. Er enghraifft, bydd cigfrain yn nythu yn Chwefror fel bod cywion yn y nyth adeg y tymor wyna – pan mae digon o gyrff a brych o gwmpas. Bydd ydfrain yn nythu ganol Mawrth i fedru manteisio ar y bwyd fydd ar gael pan fydd ffermwyr yn troi'r tir.

Tua chanol Ebrill bydd yr ymfudwyr haf, y teloriaid, y gwybedog brith a'r tingoch ac ati, yn cyrraedd, ac yn mynd ati i nythu fel bod eu cywion yn deor ar yr union adeg pan fydd yr holl lindys ar ddail y coed derw. Wel, dyna i chi wledd, a digon o fwyd i gyfiawnhau'r daith yr holl ffordd o Affrica bell. Mae'r gwenoliaid yn cyrraedd ac yn nythu i fanteisio ar dymor y gwybed a'r pryfed, a'r wennol ddu yn cyrraedd ddechrau Mai i fanteisio ar bryfed yn uchel yn yr awyr; ond tydi'r troellwr mawr ddim yn cyrraedd tan ddiwedd Mai er mwyn amseru adeg bwydo'i gywion i gydfynd â'r cyfnod y bydd gwyfynod ar eu mwyaf niferus ganol haf. Bydd adar y môr, y gwylogod a'r llursiaid ar y clogwyni, yn hwyr iawn hefyd am na ddaw'r heigiau pysgod bychain, y llymrïod, at y glannau tan ganol yr haf.

Dyna'r patrwm delfrydol, yntê? Ond mae pryderon, sydd wedi cael eu crybwyll sawl gwaith ar *Galwad Cynnar*: fel mae'r byd yn cynhesu, mae'r lindys sy'n fwyd i gymaint o adar ymfudol dros yr haf yn dueddol o orffen tyfu a disgyn oddi ar y coed yn gynt bob blwyddyn. Ac os nad yw'r cywion wedi hedfan erbyn hynny, llwgu wnân nhw. Mae rhywfaint o dystiolaeth bod yr adar bach yn nythu yn gynharach, ond a fydd hynny'n ddigon yn wyneb cyflymder newid hinsawdd? Cawn weld. Croeso iddyn nhw beth bynnag, a phob lwc.

9. Teulu'r Parot   8 Mehefin 2011

Dwi wrth fy modd efo aelodau teulu'r parot, am ei bod hi'n bosib cael sgwrs gall efo ambell un. 'Helô, sut wyt ti? Deryn da ...'

Pan oedd y plant yn fach, mi fyddwn yn mynd â nhw i'r Pili Palas ym Môn, a thra'u bod nhw'n cael hwyl yn y gorlan chwarae mi fyddwn i'n mynd at y ddau barot bach llwyd oedd mewn cratsh gerllaw. Doedden nhw ddim yn siarad, ond mi oedd ganddyn nhw *repertoire* chwibanu eang iawn. Mi fyddwn inna'n eu dynwared a chyflwyno pob mathau o alwadau gwahanol iddyn nhw, ac mi fydden nhwytha'n cymryd diddordeb mawr ac, ymhen sbel, yn fy nynwared innau.

Byddwn yn mynd draw at Charlie y cocatŵ crib-felyn wedyn. Dyma sgrechiwr o fri – ac yn ôl be glywais i, dipyn o regwr hefyd. Dyna pam yr oedd o yn y Pili Palas. Cafodd ei alltudio yno gan ei gyn-berchennog am regi yng ngŵydd y gweinidog. Ond mae'n rhaid bod perchennog Pili Palas, bryd hynny, y Parch Huw John Hughes, wedi cael dylanwad da arno fo oherwydd chlywais i erioed 'mo Charlie yn rhegi – a hynny er i mi, pan oedd neb arall o gwmpas,

Paracît seithliw ger Llyn Tinaroo, Queensland, Awstralia, 2014

ei atgoffa o sut beth oedd ambell reg. Da chi, peidiwch â dweud hyn wrth Huw John!

Ond tydi pob parot a'i debyg ddim yn rhegi. Roedd gan y Parchedig James Johnson, efengylwr yn Nhecsas, UDA, fwji o'r enw Patrick. Byddai cratsh y deryn yn cael ei osod wrth ddrws yr eglwys ar y Sul, a Patrick yn cyfarch pawb wrth iddynt gyrraedd: '*Praise be to Jesus, praise be to Jesus*'. Dyna'r ffordd i ddenu cynulleidfa, yntê?

Mae'n siŵr i'r bwji bach hwnnw achub llawer o eneidiau, ond achub ei feistres rhag lleidr wnaeth Bili, cocatîl Mrs Mary Humphreys o Wakefield, Swydd Efrog. Pan ddaeth y lleidr i mewn drwy'r ffenest a dychryn yr hen wraig, dychrynwyd y lleidr yn fwy fyth pan glywodd o gyfarthiad erchyll Rotweiller mawr ffyrnig yn y stafell nesa, a'r drws yn agored. Sgrialodd y lleidr am ei fywyd, heb sylweddoli mai Bili'r cocatîl oedd yn dynwared y ci. Roedd

Parot gylfindew – ymddangosodd yn Nant y March, Maentwrog, 2013

Bili wedi dysgu hynny wrth wrando ar gi drws nesa'n cyfarth ar y postman!

Mae ambell barot yn medru bod yn bur beryglus, yn enwedig os ydi o'n methu â chau ei hen big. Mae stori o'r Ariannin am gocatŵ o'r enw Bozo a fu'n gyfrifol am ysgariad gŵr a gwraig, sy'n profi hynny, Roedd Bozo yn dyst bod ei feistr, Carlos de Gambo, yn cael affêr efo'i ysgrifenyddes, ac un diwrnod dyma fo yn eu dynwared nhw gerbron Señora de Gambo! *'Mi amore ... ssswss'*, ac *'Ooo, Caaarlos ...'* Aeth achos yr ysgariad i'r llys ac, er gwaethaf protestiadau twrnai'r gŵr, caniataodd y barnwr i Bozo gael ei alw'n dyst gan gyfreithiwr y wraig. Pan ddangoswyd llun iddo o'r ysgrifenyddes, dyma Bozo'n dweud mewn llais secsi (yn Sbaeneg, wrth gwrs), *'Babi del, ssswss. Dwi'n dy garu di'*, a rhyw giglan chwerthin merchetaidd. Er mawr siom i Carlos a'i gyfreithiwr, derbyniodd y barnwr y dystiolaeth a chaniatáu ysgariad i Señora de Gambo. Ac ati *hi* yr aeth Bozo i fyw wedyn!

A beth am barot y gormeswr Nicolae Ceaușescu, Arlywydd Rwmania, cyn iddo gael clec yn 1989? Roedd parot yr hen Nicolae yn cael bywyd braf iawn tra bod gweision a morynion ei Balas yn cael amser go galed. Ond daeth cyfle i ddial, ac un tro, pan oedd yr Arlywydd i ffwrdd, dyma un o'r gweision yn dysgu'r parot i yngan rhyw chydig o eiriau. Ychydig yn ddiweddarach cynhaliwyd cyfarfod pwysig yn y Palas i benaethiaid y fyddin. Ar ganol un o'r areithiau dyma'r parot yn ei gratsh yn gornel yr ystafell yn dechrau gwneud sŵn hyll, fel sŵn pasio gwynt, a gweiddi *'Stiwpid Nico! Stiwpid Nico!'* Bu distawrwydd llethol – heblaw am y parot wrth gwrs, oedd yn hyrddio abìws at Nicolae. Doedd wiw i neb chwerthin ar boen bywyd (yn llythrennol). Mae'n rhaid bod hynny'n anodd, yn enwedig pan ddechreuodd Ceauşescu hyrddio abìws yn ôl at y parot! Symudwyd y deryn o'r ystafell, a does wybod be ddigwyddodd iddo wedyn, druan bach.

10. Colomennod Post 26 Tachwedd 2011

Mae'r golomen a'i theulu wedi rhoi i ni amryw o ddelweddau grymus. Gall fod yn arwydd gobaith, am mai hi ddaeth â deilen ir i Noa i ddangos bod dyfroedd y Dilyw yn cilio, ac mae'r golomen wen yn arwydd rhyngwladol o heddwch. Ar y llaw arall, byddwn yn dilorni rhywun, merch fel arfer, drwy ei galw yn 'hen gloman wirion' neu gwaeth fyth, 'yr hen sguthan'!

Beth bynnag am hynny, rwyf am drafod gwasanaeth pwysig roddodd colomennod i ni dros y canrifoedd, sef cario negeseuon, a hynny cyn dyddiau'r gwasanaeth post modern. Mae amryw o gyfeiriadau chwedlonol at adar yn cario negeseuon: colomen Noa fel y soniais uchod, cigfrain yn cario gwybodaeth i glustiau'r duw Odin ac, yn y Mabinogion, drudwen Branwen yn cario neges o Iwerddon at ei brawd, Bendigeidfran.

Ond beth am gario negeseuon go iawn? Gwyddwn fod yr Eifftiaid, y Persiaid a'r Asyriaid, ddwy a thair mil o flynyddoedd yn ôl, yn defnyddio colomennod i gario negeseuon o faes y gad. Felly'r Rhufeiniaid hefyd, a byddigions y Canol Oesoedd – a cholomen ddaeth â'r newyddion o Ffrainc i Loegr am lwyddiant Wellington ym mrwydr Waterloo yn 1815.

Yn ddiweddarach, dechreuodd Paul Reuter, aeth ymlaen i sefydlu gwasanaeth newyddion byd eang, ei fusnes drwy ddefnyddio colomennod i gario gwybodaeth am brisiau'r farchnad stoc rhwng rhai dinasoedd yn Ewrop yn yr 1860au. Roedd cyflymder ei wasanaeth yn fanteisiol iawn i fuddsoddwyr yn ogystal â newyddiadurwyr.

Erbyn diwedd y 19eg ganrif roedd gwasanaeth post colomennod yn cysylltu llawer o wledydd Ewrop. Wyddoch chi mai ar gyfer gwasanaeth Post Colomennod yn Seland Newydd y cyhoeddwyd y stampiau Post Awyr cyntaf yn 1898 – rhwng ynys Great Barrier a'r tir mawr.

Yn ystod y Rhyfel Byd Cyntaf roedd colomennod yn cael eu hystyried yn delegraff adeiniog, a byddai gan yr Almaenwyr niferoedd sylweddol o hebogiaid i geisio dal colomennod y Cynghreiriaid a'r negeseuon roedden nhw'n eu cario o'r ffrynt. Fe enillodd rhai o'r colomennod hyn fedalau, hyd yn oed, am eu gwrhydri – cafodd un golomen Ffrengig, Cher Ami, y *Croix de Guerre* adeg y Rhyfel Byd Cyntaf am gario dros ddwsin o negeseuon pwysig a achubodd lawer iawn o fywydau, a hynny er gwaethaf cael ei hanafu ar un o'i theithiau.

Ond weithiau, fe gyrhaeddai negeseuon annisgwyl. Un tro, derbyniodd Pencadlys y Cynghreiriaid ar y Ffrynt Orllewinol y neges ganlynol: 'Cloman lwcus – yn cael dianc o'r uffern lle 'ma!'

Yn ystod yr Ail Ryfel Byd magwyd 200,000 o golomennod i wasanaethu lluoedd arfog Prydain, ac enillodd 32 ohonyn nhw'r fedal Dickin a roddir i anifeiliaid am ddewrder. Byddai rhai yn cael eu gollwng mewn cratsh ar barasiwt y tu ôl i linellau'r Almaenwyr i gario negeseuon yn ôl oddi wrth y *Resistance* yn Ffrainc. Roedd yr adar yn rhan o'r CPS, sef gwasanaeth cudd a elwid y 'Confidential Pigeon Service'!

Colomen rasio – pencampwraig ar ffeindio'i ffordd adref

Ond, yr enwocaf o'r cwbl, o bosib, oedd y golomen Americanaidd G.I. Joe, a achubodd fywydau miloedd lawer o filwyr. Enillodd G.I. Joe lond brest o fedalau, yn cynnwys y Congressional Medal of Honour gan yr Unol Daleithiau, a fo oedd y creadur cyntaf i ennill Medal Dickin nad oedd yn Brydeinig. Wn i ddim sut roedd o'n medru hedfan efo'r holl fedalau. Ei wrhydri mwyaf oedd yng ngogledd yr Eidal pan oedd milwyr o Brydain ac America yn paratoi i ymosod ar fyddin o Almaenwyr ym mhentref Colvi Vecchia. Gofynnwyd i'r awyrlu fomio'r lle yn gyntaf, cyn symud i mewn. Ond yn y cyfamser, llwyddodd comandos Prydeinig i dorri drwodd a chipio'r pentref yn y nos, olygai nad oedd angen y bomio bellach. Ond gwae! Sylweddolwyd yn sydyn bod eu radio wedi cael ei chwalu yn y frwydr, ac oni bai y gellid atal y bomio, byddai'r Prydeinwyr yn cael eu bomio gan yr awyrlu Americanaidd. Eu hunig obaith oedd G.I. Joe, a ddewiswyd i gario'r neges fyddai'n eu hachub. Wel, fe hedfanodd yr hen golomen fach yr 20 milltir i'r pencadlys mewn 20 munud (cyflymdra o 60 milltir yr awr) gan gyrraedd jyst fel oedd yr awyrennau yn symud i lawr y rynwe, yn barod i gychwyn ar eu cyrch. Â dim ond munudau'n sbâr, llwyddwyd i atal y bomio – oedd yn golygu bod G.I. Joe wedi achub bywydau tua 1,000 o filwyr.

Bu colomennod yn dal ati i gario negeseuon hyd yn ddiweddar iawn. Dim ond ym Mawrth 2002 y diddymwyd Gwasanaeth Negeseuon Colomennod yr Heddlu yn India. Bu'r gwasanaeth hwn yn bwysig ers canrif a mwy, yn enwedig ar adeg trychinebau megis daeargrynfeydd a llifogydd, pan fyddai ffonau a thrydan ar chwâl. Dim ond pan ddaeth ffonau symudol a chysylltiadau lloeren i gael eu defnyddio y daeth yn bosib i'r colomennod ymddeol.

Llun o'r enwog G.I. Joe yn derbyn ei fedal Dickin am achub llawer o fywydau adeg yr Ail Ryfel Byd. Go brin y byddai'r golomen fach yn medru hedfan efo medal mor drom.

Pennod 3

Planhigion

1. Eirlysiau

Beth a welaist ar y lawnt,
Gyda'i wyneb gwyn, edifar?
Tlws yr eira, blodyn Mawrth,
Wedi codi yn rhy gynnar.

Dyna ddywedodd Eifion Wyn am yr eirlysiau, neu flodau'r eira, tra meddai Richard Morgan yn ei *Lyfr Blodau* (1909), 'Efe yw blodyn gobaith, a blaenffrwyth blodau'r flwyddyn'.

Yr eirlys yw un o flodau cynta'r gwanwyn, ac mae'n gyffredin iawn yn Chwefror a Mawrth mewn gerddi, ambell hen goedlan ac yma ac acw ar ochrau ffyrdd, yn enwedig os oes tai, plasty, eglwys neu olion hen fynachlog gerllaw. Nid oes sicrwydd a yw'r blodau bychain hardd yn frodorol ai peidio, ond os ydyn nhw, mae'n debyg mai de-orllewin Lloegr a gorllewin Cymru yw eu cynefin naturiol. Anaml iawn iawn y byddan nhw'n hadu yn y wlad hon am eu bod yn blodeuo'n llawer rhy gynnar i bryfed a gwenyn eu peillio, fel sy'n digwydd yn Ffrainc neu Lydaw. Ond am eu bod yn tyfu mor hawdd o fylbiau, chafwyd dim trafferth i'w cyflwyno drwy law dyn i bob cwr o wledydd Prydain, bron.

Daethant yn gyffredin, mae'n debyg, drwy gael eu lledaenu drwy'r wlad gan fynachod ac offeiriaid yn y Canol Oesoedd. Gwnaed hynny er mwyn cael blodau i addurno capeli ac eglwysi ar gyfer Gŵyl Fair y Canhwyllau ar 2 Chwefror bob blwyddyn – roedd gwyn y blodau'n cynrychioli purdeb y Forwyn Fair, delwedd bwysig yng

Eirlysiau ar lan afon Dwyfor, Llanystumdwy

nghredo'r eglwys Gatholig. Trosglwyddwyd yr arfer o addurno'r eglwysi i'r Eglwys Wladol hefyd, er gwaetha'r ffrae rhwng Harri VIII a'r Pab wnaeth iddo feddiannu'r mynachlogydd a throi yn erbyn popeth Catholig. Mewn gwirionedd, byddai dod ag eirlysiau i'r tŷ yn yr 16eg a'r 17eg ganrif yn eich rhoi mewn peryg o gael eich cyhuddo o fod yn Gatholig oherwydd y cysylltiad hwn â'r Forwyn Fair, a hynny ar adeg pan oedd Catholigion yn cael eu herlid a'u hoffeiriaid yn cael eu merthyru.

Mae dod ag eirlysiau i'r tŷ yn dal i gael ei ystyried yn anlwcus hyd heddiw, ac i rai, yn rhagfynegiad o farwolaeth yn y teulu. Heblaw'r atgof am erledigaeth y Catholigion, ai'r ffaith fod eirlysiau yn tyfu mor gyffredin mewn mynwentydd sydd y tu ôl i'r goel hon? I rai pobl mae hyd yn oed siâp y blodyn yn eu hatgoffa o farwolaeth – am ei fod fel amdo yn amgáu corff bychan.

Ond y gwir reswm pam na ddylech ddod ag eirlysiau, nac ychwaith flodau eraill y gwanwyn (fioledau, briallu, cynffonnau ŵyn bach a chywion gwyddau'r helyg) i'r tŷ, yw mai rhyfygu ydych chi. Hynny yw, yn cymryd y gwanwyn yn rhy ganiataol ac felly'n debyg o ddwyn rhyferthwy'r gaeaf am eich pen. Credir bod dod â briallu a chywion gwyddau i'r tŷ yn debyg o amharu ar lwyddiant deoriad y cywion, a chynffonau ŵyn bach yn amharu ar lwyddiant wyna'r defaid. Yn yr un modd, byddai dod ag eirlysiau i'r tŷ yn amharu nid yn unig arnoch chi a'ch teulu, ond hefyd yn peri i laeth y fuwch fynd yn ddyfrllyd a'r menyn yn wyn. Mae'r cysylltiad â llaeth i'w weld yn enw gwyddonol y blodyn, *Galanthus nivalis*. Mae *Galanthus* yn golygu blodyn lliw'r llefrith, a *nivalis* yn golygu eira.

Ond chwarae teg i'r blodau bach tlws yma – maent yn dod â lwc tra byddan nhw'n tyfu yn yr ardd, yn enwedig o dan ffenest y tŷ, ac yn arwydd gobaith yng nghanol gaeaf. Dim rhyfedd bod ugeiniau o wahanol fathau wedi eu datblygu gan arddwyr erbyn hyn, a llawer o fathau newydd wedi eu cyflwyno o sawl cwr o dde-ddwyrain Ewrop, Twrci a'r Crimea, i'w gwerthu mewn canolfannau garddio.

Mae'r holl enwau Cymraeg lleol arno yn tystio i boblogrwydd yr eirlys dros y cenedlaethau hefyd. 'Yr eirlys' a 'blodyn yr eira' yw'r ddau enw mwyaf cyffredin drwy'r gogledd a'r de, a 'lili wen fach' yn dynn wrth eu sodlau. Mae 'lili fach yr eira' yn amrywiad bach tlws ar yr enw hwn o Forgannwg, a 'tlws yr eira' o sir Gaernarfon. Ym Maldwyn mae'n cael ei galw'n 'prydferth ôd', neu jyst 'yr ôd'. Enwau eraill yw 'cloch maban', 'cloch yr eiriol' ag 'eirdlws'. Mae cyfanswm o ryw ddeunaw o enwau ac amrywiaethau arnynt wedi eu cofnodi i gyd.

2. Cennin a Chennin Pedr   4 Mawrth 2006
Dim ond ychydig dros ganrif sydd ers i'r genhinen Bedr ddod yn ryw fath o arwyddlun cenedlaethol i ni. Y genhinen ydi'r un go iawn, yntê? Mae'r genhinen yn

Ein blodyn cenedlaethol, Penrhyndeudraeth, 2014

arwyddlun i'r Cymry yn mynd yn ôl i'r 7fed ganrif, pan fu i Dewi Sant gynghori'r brenin Cadfan y dylai'i filwyr wisgo cenhinen yn eu helmedau er mwyn medru nabod ei gilydd yn haws mewn brwydr fawr oedd ar fin digwydd yn erbyn y Sacsoniaid paganaidd – a'r Cymry enillodd hefyd! Hwrê! Parhaodd y cysylltiad rhwng y genhinen a rhyfel ar hyd y canrifoedd – roedd y Cymry'n ei gwisgo ym mrwydrau Crecy ac Agincourt yn Ffrainc yn y Canol Oesoedd. Byddai Meddygon Myddfai yn y 12fed ganrif yn ei defnyddio i atal gwaedu ac asio esgyrn wedi rhyfel, ac yn argymell rhwbio sug cennin dros y corff i arbed y milwyr mewn brwydr. Yn fwy diweddar fe'i mabwysiadwyd yn fathodyn cap gan y Gatrawd Gymreig. A beth am ryfeloedd mwy diweddar – fel y gemau rygbi rhwng Cymru a Lloegr yng Nghaerdydd? Roeddwn i'n arfer mynd â chlamp o genhinen hefo fi i faes y gad ar hen Barc yr Arfau ers talwm a'i bwyta hi'n amrwd wedyn, hefo rhyw chwe neu saith peint o Brains. Ew! Dyddiau da.

Ond mae'n debyg mai'r prif reswm pam fod y genhinen mor bwysig i ni fel cenedl yw bod yr hen Gymry yn giamstars ar ei thyfu hi. Bu cawl cennin yn rhan hanfodol o'n bwydlen ar hyd y canrifoedd ac yn enwedig dros gyfnod y Grawys, sef yr ympryd eglwysig o ddeugain niwrnod rhwng dydd Mawrth crempog a'r Pasg. Ar ben hynny, deuai tyfu cennin â lwc dda i chi, gan arbed eich tŷ rhag mellt a chadw ysbrydion drwg draw. Roedd hefyd yn arwydd o burdeb ac anfarwoldeb ac yn gyfrwng i ragweld y dyfodol. Ar nos Calan Gaeaf byddai merch ifanc yn rhoi cenhinen dan ei gobennydd er mwyn gweld, yn ei breuddwydion, pwy fyddai ei darpar ŵr. Dull arall o wneud hynny fyddai i'r ferch ifanc gerdded yn ôl, wysg ei chefn, i'r ardd a rhoi cyllell yn y pridd ymysg y cennin. Yn ogystal, byddai bwyta llawer o gennin yn gwneud gwragedd yn nwydus ac yn eu helpu i feichiogi a chael plant!

Ond roedd pobl 'barchus' Oes Fictoria yn ystyried y genhinen braidd yn gomon – cymaint felly nes y dechreuodd merched wisgo cenhinen Bedr ar Ddydd Gŵyl Dewi yn hytrach na'r genhinen draddodiadol. Gwnaeth Lloyd George ei ran hefyd, oherwydd dyna oedd o'n wisgo ar 1 Mawrth. Fo barodd i'r blodyn gael ei ddefnyddio yn hytrach na'r genhinen adeg coroni rhyw Almaenwr meddw'n dywysog Cymru yn 1911 ac ar ddogfennau swyddogol oedd yn ymwneud â Chymru o hynny ymlaen.

Prin yw unrhyw ddefnyddiau meddyginiaethol i'r genhinen Bedr – dim hanner cymaint â'r genhinen – a tydi hi ddim yn dda i'w bwyta chwaith. Ac ar un adeg roedd yn anlwcus dod â'r blodyn ar gyfyl y tŷ, fel yn achos blodau eraill y gwanwyn. Golygai'r lliw melyn mai'r cywion gwyddau neu'r cywion ieir fyddai'n dioddef o ganlyniad i hynny, drwy fethu deor.

Mae hen chwedl Roegaidd sy'n esbonio pam fod y genhinen Bedr yn gwyro ei phen. *Narcissus* yw enw gwyddonol y planhigyn, wedi ei enwi ar ôl llanc ifanc ofnadwy o ddel a glandeg. Roedd y duwiesau i gyd isio fo'n gariad, ond doedd gan Narcissus ddim diddordeb. Digiodd y duwiesau a galw ar Nemesis, duwies dial, i dalu'r pwyth yn ôl iddo. A dyna fu – fe barodd hi i Narcissus ddisgyn mewn cariad hefo fo'i hun! Pan welodd y llanc ei adlewyrchiad yn nŵr y llyn ceisiodd ei gofleidio, gan ddisgyn i'r dŵr a boddi, yn aberth i hunan-serch. Mae 'na wers yma, yn does? Wrth i'r cwch gario enaid Narcissus ar draws afon Angau i'r byd nesaf, fe blygai ei ben dros yr ymyl i chwilio am ei lun yn y dŵr.

3. Helyg   8 Ebrill 2006

O'r diwedd mae'r cywion gwyddau bach, sef blodau'r coed helyg, yn doreth ym mhob man. Mae popeth yn hwyr yn dilyn y Mawrth oer ac annifyr gawson ni, ond yn dal i fyny'n sydyn rŵan: y drain duon yn blodeuo'n dda yn y gwrychoedd, y coed yn blaguro a'r gwenoliaid yn llifo i mewn i'r wlad. Mae'n wanwyn o'r diwedd – a chroeso iddo fo!

Mae'r helygen yn un o'n coed mwyaf cyffredin ac amlycaf ni – yn enwedig hefo'i sioe fendigedig o gywion gwyddau'r amser yma o'r flwyddyn. Mae hi hefyd yn goeden ddefnyddiol iawn. Ddim i adeiladu tai a gwneud giatiau, efallai – tydi'r pren ddim yn ddigon sylweddol nac yn ddigon cryf i hynny – ond mae o'n bren da i wneud golosg ac roedd y gwiail, neu'r canghennau main, yn ddefnyddiol iawn i wneud basgedi o bob math, dodrefn plethwaith a chewyll dal cimychiaid ar un adeg. Byddai mathau arbennig o helyg yn cael eu meithrin mewn 'gwinllan helyg' trwy eu bôn-dorri i gynhyrchu swp o wiail main, yn union fel y byddai coed cyll yn cael eu bôn-dorri i gynhyrchu ffyn neu goed pys.

Ceir cryn dipyn o lên gwerin am yr helygen, a llawer

Cywion gwyddau ar goeden helyg, Cwm Dulyn, 2014

ohono'n codi o'r disgrifiad yn Salm 137 o'r Iddewon ynghaeth ym Mabilon: 'Wrth afonydd Babilon, yno yr eisteddasom, ac wylasom, pan feddyliasom am Seion. Ar yr helyg o'i mewn y crogasom ein telynau ...' Cymaint oedd pwysau'r holl delynau nes bod y canghennau'n gwyro tua'r llawr, fel petaen nhw'n wylo. Dyna darddiad y ddelwedd o'r 'helygen wylofus' – yn wylo mewn cydymdeimlad â'r Iddewon yn eu caethiwed. Mae'n stori dda ond, gwaetha'r modd, ddim cweit yn gywir. Nid yr helygen fyddai ym Mabilon ond y Boplysen! Mae'n amlwg nad oedd cyfieithydd gwreiddiol y Salm (o iaith Groeg) ddim llawer o fotanegydd, sy'n wir am lawer o lenorion hyd heddiw! Ond roedd y ddelwedd wedi gwreiddio, a phan ganfuwyd helygen wylofus go iawn yn Tsieina tua 1690, a'i changhennau'n plygu tua'r llawr yn naturiol, daethpwyd â hi i'r wlad yma yn blanhigyn gardd a'i galw, yn naturiol, yn *Salix babylonica*. Mae'r cysylltiad rhwng yr helygen a galar neu dristwch yn dal efo ni, a dyna pam y gwelwch ganghennau wylofus yr helygen yn addurn ar gerrig beddau a chardiau cydymdeimlo.

Yng Nghymru ryw ddwy ganrif yn ôl, daeth yn gyffredin i gysylltu'r helygen â thristwch colli cariad. Mae Marie Trevelyan yn cyfeirio yn ei llyfr gwych (a phrin) *Folk-Lore & Folk Stories of Wales* (1909), at yr arfer Cymreig o wisgo cap wedi ei blethu o wiail pe byddai rhywun yn cael ei wrthod gan ei gariad. Byddai'r gwrthodwr yn ei thro yn gyrru ffon wen wedi'i gwneud o damaid o bren collen wedi ei risglo at yr un yr oedd yn ei wrthod – a hynny am fod chwarae ar eiriau rhwng 'collen' a 'colli', wrth gwrs.

Y botel Aspirin gyntaf, 1899

Mae'r helygen, yn enwedig y rhisgl, yn enwog am ei defnyddiau meddyginiaethol, er enghraifft lleihau gwres twymyn ac atal poen crydcymalau. Mae cofnod o hynny yn rysetiau Meddygon Myddfai yn y 12fed ganrif, ac roedd rhoi dŵr poeth ar risgl helyg ac yfed y trwyth yn un o'r dulliau gorau i ladd poen am ganrifoedd.

Yna, yn y 19eg ganrif pan oedd technegau cemegol wedi datblygu'n ddigon da, aethpwyd ati i buro a dadansoddi'r cemegyn gweithredol yn yr helygen oedd yn lladd poen. Enwyd y cemegyn yn asid salysilig ar ôl yr helygen, *Salix*. Roedd hwn braidd yn rhy asidig i'w gymryd yn fewnol ac yn gwneud drwg i'r stumog, ond wedi chwarae o gwmpas efo'r cemegyn canfuwyd ffurf oedd yn llai niweidiol i'w gymryd, sef asid asetyl-salysilig. Rhoddwyd patent ar y dull o'i gynhyrchu a bu i'r cwmni a wnaeth hynny, Bayer, wneud eu ffortiwn – a thyfu yn un o gwmnïau cyffuriau meddygol mwya'r byd. Ac enw'r cyffur newydd? Wel, aspirin wrth gwrs, ddaeth ar y farchnad am y tro cyntaf yn 1899, gyda llaw. Oes, mae ganddon ni ddyled fawr i'r helygen.

4. Y Ddraenen Ddu   29 Ebrill 2006

Mae blodau'r ddraenen ddu yn fendigedig ar hyn o bryd, yn llenwi'r gwrychoedd â'u gwynder – a hynny fis yn ddiweddarach na'r llynedd, os cofiwch chi, am fod y gwanwyn mor hwyr eleni. Mawr yw'r croeso iddyn nhw gan wenyn a phryfed ac, wrth gwrs, yr adar sy'n gwledda ar y cyfryw bryfed.

Mewn gwrych neu berth y gwelwch chi'r ddraenen ddu fel arfer, ac yn wasgaredig ar hen ffriddoedd. Roedd hi'n cael ei phlannu'n helaeth iawn ar un adeg i greu gwrychoedd o gwmpas caeau, un ai yn wrychoedd llawn neu ar ben cloddiau cerrig a phridd i gadw anifeiliaid rhag crwydro. Mae rhai gwrychoedd yn ofnadwy o hen: o leia dwy, tair neu hyd yn oed bedair canrif oed. Ond yn y 19eg ganrif, pan oedd amaethyddiaeth yn cynyddu'n gyflym, y gwelwyd y bri mwyaf ar eu plannu, er mwyn creu caeau llai o fewn caeau mwy.

Pan fo'r ddraenen ddu yn wen, tafl dy gynfas dros dy ben

I wneud hynny, byddai gan bobl, yn aml iawn, fformiwla blannu i'w dilyn. Hynny yw, wedi cael y coed ifanc o feithrinfa'r stad, roedden nhw'n plannu un, dwy, neu efallai dair draenen ddu, bob yn ail â nifer debyg o'r ddraenen wen. Byddai coed defnyddiol eraill fel cyll, afalau surion a cheirios yno hefyd, ac ambell ffawydden, onnen a jacan (sycamorwydden) yn eu plith. Amrywiai hyn o ardal i ardal, o fferm i fferm ac o wrych i wrych, yn ddibynnol ar beth oedd ar gael, ac ar fympwy'r plannwr, mae'n siŵr. Ond y ddraenen wen a'r ddu oedd fwyaf cyffredin, fel y gwelwch yn y gwrychoedd hyd heddiw.

Defnydd arall pwysig i'r ddraenen ddu oedd arwyddo'r tymor. Pe deuai hon i'w blodau ddechrau Ebrill roedd yn arwydd i hau ceirch: 'Pan fo'r ddraenen ddu yn wen, tafl dy gynfas dros dy ben' (cynfas hau oedd hon, wrth gwrs), a hefyd: 'Os yw'r ddraenen ddu yn wych, hau dy faes os yw yn sych'. Roedd rhigymau bach fel rhain yn rhan o symudiad yn y 18fed ganrif i gael amaethwyr i dderbyn bod byd natur yn rhoi gwell syniad o pryd i gychwyn gwaith tymhorol yn hytrach na chadw at ddyddiadau gŵyl eglwysig benodol neu hen ffair. Y drafferth efo cadw at ddyddiadau sefydlog yn ôl yr hen drefn oedd eu bod yn medru bod ymhell ohoni pan fyddai'r tymor yn hwyr neu'n gynnar. Doedd gan anghydffurfwyr newydd y cyfnod ddim problem efo gollwng yr hen drefn eglwysig.

Mae ffon draenen ddu yn werth ei chael, yn ôl y sôn, gan y bydd yn para i chi am byth, bron. Mae coelion difyr amdani hefyd. Ar yr un llaw gall eich amddiffyn rhag drwg ond, ar y llaw arall, am fod ei rhisgl yn ddu, byddai dewiniaid yn gwneud ffon hud ohoni a gallai gwrachod ddefnyddio ffon gerdded o ddraenen ddu i'ch melltithio. Felly, os gwelwch rywun yn pwyntio ffon felly atoch gan fwmial dan eu hanadl, gwnewch arwydd y Groes yn syth! Yn yr Alban yn y Canol Oesoedd, pan oedden nhw'n llosgi gwrachod, fe fydden nhw'n llosgi ffon draenen ddu'r wrach efo hi yn y goelcerth.

Am fod y pren yn drwm a chaled iawn, fe'i defnyddid i wneud handlenni ar gyfer pob mathau o offer. Yn Iwerddon byddai cangen go syth o ddraenen ddu, â lwmp maint dwrn o'r boncyff yn un pen iddi, yn ddefnyddiol iawn mewn brwydr. Hon oedd y *shilelagh*, wrth gwrs, a byddai un waroc efo honno yn medru malu penglogau pobl fel malu cnau.

Un o gynhyrchion mwyaf defnyddiol y goeden yw'r eirin tagu bach glasddu gewch chi yn yr Hydref. Maent yn llawn fitamin C ond yn sychu'ch ceg chi'n grimp fel cesail camel! Ond mae'n bosib gwneud jin eirin tagu blasus ohonyn nhw. Mae 'gwirod perthi' fel y'i gelwir, yn ffisig da iawn efo dŵr poeth ar ei ben, at annwyd y gaeaf ... ond i chi beidio cymryd gormod, wrth reswm. *Sloe gin* yw'r enw Saesneg arno ac mae 'na ddywediad, bod *sloe gin and fast women* wedi andwyo sawl gŵr a ddylai fod wedi gwybod yn well.

5. Y Ddraenen Wen   27 Mai 2006

Ganol Mai fydd y ddraenen wen yn blodeuo fel arfer. Ond petai'r calendr heb gael ei newid yn 1752, gan daflu'r dyddiadau ymlaen 11 diwrnod, byddai'r goeden yn blodeuo o gwmpas Calan Mai. Roedd hwn yn ddyddiad eithriadol o bwysig ganrifoedd yn ôl am mai dyma'r diwrnod pryd y symudai'r bugeiliaid efo'u preiddiau o'r hendrefi, lle bydden nhw wedi treulio'r gaeafau yng nghysgod y dyffryn, i fyny i'r hafotai ar y mynyddoedd, gan aros yno dros yr haf a dychwelyd ar Galan Gaeaf. Roedd Calan Mai yn gyfnod o bwys eithriadol yn y calendr amaethyddol, felly, a olygai ei fod hefyd yn hynod bwysig yng nghylch seremonïol a defodol yr hen Gymry. Dyma achlysur croesawu'r haf, pryd byddai pobl yn cynnau coelcerthi ac yn dawnsio yng nghwmni'r Fedwen Haf. Cyfnod o ddathlu a rhialtwch. Y ddraenen wen, am iddi flodeuo mor amlwg dros y cyfnod hwn, oedd un o arwyddion amlyca'r hen Fam Ddaear Geltaidd.

Mae'n siŵr gen i mai rhyw atgof pell o hynny sy'n cyfrif am bwysigrwydd y ddraenen wen yn llên gwerin gwahanol wledydd hyd yn ddiweddar iawn. Yn Ffrainc a Lloegr

Draenen wen yn ei gogoniant, gyda rubanau lliwgar i groesawu'r haf, Nebo, 2016

rhoddid y blodau yn dorchau ar ddrysau'r beudai i amddiffyn rhag gwrachod ar noswyl Calan Mai, ac roedd y blodau'n bwysig yn y dawnsfeydd Morris o gwmpas y Pawl Mai. Ond yng Nghymru, Iwerddon a'r Alban, ystyrid y blodau'n anlwcus, a chredid mai gwell oedd defnyddio blodau'r griafolen a gold y gors yn eu lle yn y defodau Calan Mai. Y rheswm am hynny oedd mai coeden y Tylwyth Teg yw'r ddraenen wen, ac roedd yn rhaid bod yn ofalus ofnadwy rhag tramgwyddo'r pethau bach direidus, oriog hynny. Roeddent mor hawdd i'w pechu, a gwae chi petai hynny'n digwydd! Mae rhai yn clywed arlliw o bydredd a marwolaeth yn arogl y blodau – felly peidiwch â dod â nhw i'r tŷ, rhag ofn! Mae un o'i henwau Cymraeg hi'n cyfeirio at hynny, sef 'blodyn marw mam'. Sail y goel ryfedd hon, mae'n debyg, yw bod y blodau'n cael eu peillio gan bryfed, sy'n cynnwys y mathau gaiff eu denu at gelanedd. Mae'n talu i'r blodyn gael rhyw arlliw o oglau pydredd, felly, i ddenu pryfed.

Mae eraill yn clywed arogl rhywiol ar y blodau. Dim rhyfedd, felly, fod y ddraenen wen mor bwysig yn nefodau'r hen Galan Mai oedd, wedi'r cyfan, yn ddathliad o ffrwythlondeb y Fam Ddaear baganaidd. Y ddefod ffrwythlondeb hon sydd wrth wraidd traddodiad y Frenhines Fai yng ngharnifalau'r oes fodern.

Mae traddodiadau Cristnogol yn ymwneud â'r ddraenen wen hefyd. Credir mai cangen ohoni a ddefnyddiwyd ar gyfer coron ddrain yr Iesu. A beth am y stori am Joseff o Arimathea, a blannodd ei ffon o ddraenen wen ar fryn Glastonbury yng Ngwlad yr Haf. Mae'r ddraenen yn dal yno – wel, ei disgynyddion, beth bynnag, ac yn blodeuo bob Nadolig, yn ogystal â mis Mai. Hawdd y gallasai hon fod wedi dod o ardal Môr y Canoldir oherwydd ceir mathau yno sy'n blodeuo ganol gaeaf.

Mae sawl defnydd i'r ddraenen wen, yn enwedig y pren, nad yw (drwy lwc) mor anlwcus â'r blodyn. Fel y ddraenen ddu mae'n dda ar gyfer ffyn cerdded a handlenni, a chawsai ei phlannu'n helaeth mewn gwrychoedd – mae Kitchener Davies yn ei gerdd 'Sŵn y Gwynt sy'n Chwythu' yn disgrifio'i dad yn plannu gwrych ar fferm y Llain, Tregaron, ddechrau'r ganrif ddiwethaf: 'tair draenen wen a ffawydden, tair draenen wen a ffawydden yn eu tro.'

Mae'n arwydd o pryd i hau:

Pan y gweli'r ddraenen wen
A gwallt ei phen yn gwynnu;
Mae hi'n c'nesu dan ei gwraidd,
Cei hau dy haidd bryd hynny.

Mae'r dail yn fwytadwy hefyd, ac er nad oes llawer o faeth ynddyn nhw, maen nhw o leia yn llenwi bwlch. Dyna pam y byddai teithwyr, a'r porthmyn gynt, yn bwyta dail y ddraenen wen pan oeddynt ar eu hynt, gan ei galw'n 'bara, caws a chwrw' yn Sir Gaerfyrddin.

6. Bwtsias y gog   13 Mai 2006

Ni rois gam ar lawr y wig
Heb fod clychau'r nef o tano,
Fel diferion o ryw lasfro
Wedi disgyn rhwng y brig.

Sôn roedd Eifion Wyn am fwtsias y gog, sy'n prysur ddod i'w hanterth, a hithau bron iawn yn ganol Mai. Bwtsias y gog am mai yn nhymor y gog maent yn blodeuo. Ac os nad ydych yn gyfarwydd â'r enw, mae digon o ddewis: clychau'r gog yw'r enw safonol, ond fe gewch lu o enwau lleol, megis 'bacsiau'r gog', 'sanau'r gog', 'bacsiau'r brain', 'cennin y brain', 'clychau gleision', 'clychau'r eos', 'croeso haf' a llawer mwy — dros ugain o enwau i gyd. Mae hyn yn dangos pa mor adnabyddus a phoblogaidd yw'r blodyn.

Mae 'na stori ddifyr am sut y cafodd y planhigyn ei enw gwyddonol, sef *Hyacinthoides non-scripta*. Mae *Hyacinthoides* yn golygu 'tebyg i hyacinth' — sef blodyn prydferth iawn gafodd ei enwi gan y Groegiaid ar ôl bachgen ifanc golygus a laddwyd drwy ddamwain gan Apollo, duw'r haul, wrth chwarae coits un tro. Roedd Apollo a Zephyr (duw gwynt y gorllewin), ill dau yn hoff iawn o'r bachgen Hyacinth, ond am fod Hyacinth yn ffafrio Apollo yn fwy na Zephyr, daeth chwa o genfigen dros dduw'r gwynt. Pan daflodd Apollo y goitsen nesaf, fe chwythodd yr hen Zephyr gan beri iddi wyro oddi ar ei llwybr a rhoi clec farwol i'r bachgen yn ei ben. Yn ei alar trodd Apollo'r llanc yn flodyn prydferth.

Mae'n debyg mai'r *Hyacinth orientalis*, sy'n boblogaidd yn ein gerddi neu yn flodyn tŷ erbyn hyn, oedd y math gwreiddiol. Yn ddifyr iawn, mae marc ar betalau'r *orientalis* gwyllt sydd, yn y wyddor Roegaidd, yn debyg iawn i'r llythrennau sy'n sillafu'r gair '*Ai-ai!*', sef cri ola'r llanc wrth iddo drengi. Ond, dydi'r marc hwnnw ddim i'w weld ar flodyn bwtsias y gog – dyna pam ei fod yn *Hyacinthoides non-scripta* (mae *non-scripta* yn golygu 'heb y gair'). Ystyr yr enw gwyddonol felly yw 'tebyg i hyacinth, ond heb y gair'.

Ond beth am yr enw Cymraeg 'bwtsias y gog', sef yr enw gewch chi ar y blodyn yn yr hen sir Gaernarfon? Mae hanes difyr y tu ôl i'r enw hwn hefyd. Bwtsias, neu blwtsiars ym Môn, yw'r sgidiau dal dŵr uchel wneir o rwber erbyn heddiw ac sy'n fwy adnabyddus fel welintons. Sgidiau marchogaeth uchel o ledr du ac yn cyrraedd hyd y cluniau oedd y welintons gwreiddiol, yn rhan o iwnifform swyddogion y fyddin tua 200 mlynedd yn ôl. Meddyliwch am Wellington, Napoleon, neu General Blucher yn rhyfel Waterloo yn y cyfnod hwnnw ar eu ceffylau yn eu dillad crand a'u hesgidiau uchel duon i gadw'r mwd oddi ar eu trywsusau gwyn tyn. Dyna'r ddelwedd roddodd yr enw 'wellingtons' ar sgidiau uchel byth oddi ar hynny ... ym mhob man heblaw am Arfon a Môn. Yno, fe'u henwyd ar ôl General Blucher, cyfaill Marcwis Môn, a'r blwtsiars yn

Bwtsias y gog – un o flodau eiconig y gwanwyn
(Llun: Keith O'Brien)

troi'n bwtsias yn Arfon.

Mae'r blodyn yn tyfu 'yn sŵn y gog' – ond pam y cysylltiad rhwng traed y gog a'r blodyn? Sylwch ar y gwahanol enwau sy'n cyfleu hynny: 'bwtsias y gog', 'bacsiau'r gog', 'sanau'r gog'; a cheir hyd yn oed 'cuckoo's boots' yn enw Saesneg o Dorset a'r Amwythig. Os oes gan unrhyw un esboniad, fe fyddwn yn falch iawn o glywed.

Nid oes defnydd meddygol i fwtsias y gog. Maen nhw damed bach yn wenwynig, mewn gwirionedd. Yr unig ddefnydd, hyd y gwn i, yw i'r hylif gludiog a ddaw o'r coesau, ac yn enwedig o'r bylbiau, gael ei ddefnyddio ar un adeg fel glud i rwymo llyfrau ac i sticio plu ar saethau.

Mae'n amlwg, felly, mai harddwch y blodau a'u persawr hyfryd sy'n cyfri am eu poblogrwydd. Yng ngeiriau R. Williams Parry:

Dyfod pan ddel y gwcw,
Myned pan êl y maent,
Y gwyllt atgofus bersawr,
Yr hen lesmeiriol baent;
Cyrraedd ac yna ffarwelio,
Ffarwelio, – Och! Na pharhaent.

7. Eithin   20 Mai 2006

A hithau'n fis Mai, mae blodau'r eithin yn andros o sioe yn melynu'r gwrychoedd a'r llethrau. Yn ôl Tom Richards, y Wern, Llanfrothen:

Pwy a ddywed, pa ddewin – a baentiodd
        Â'i bwyntil yr eithin?...

Ydynt, mae'r blodau'n hardd iawn o bell ac arogl hyfryd, tebyg i goconyt, arnynt – ond peidiwch â rhoi eich trwyn yn rhy agos, chwaith, neu pigiad gewch chi!

Ond cofiwch chi, dim ond un o'r ddau fath o eithin sy'n gyffredin yng Nghymru sy'n llawn blodau ar hyn o bryd, a'r eithin Ffrengig (*Ulex europaeus*) yw hwnnw. Mae o'n fawr ac yn fras, ac yn tyfu rhyw chwe i ddeg troedfedd. Y llall yw'r eithin mynydd, neu'r eithin Cymreig (*Ulex gallii*) fydd yn melynu llethrau'r mynyddoedd a rhostiroedd yr arfordir ddiwedd yr haf. Hwnnw sydd mor fendigedig mewn cyfuniad â phorffor blodau'r grug ganol Awst. Dim ond i ryw ddwy neu dair troedfedd y tyfith yr eithin mynydd, ac mae'n rêl poen i gerdded trwyddo am ei fod yn pigo'r fferau!

Mae tymhorau blodeuo'r ddau fath o eithin yn eithaf hir, ond maen nhw yn eu hanterth ym Mai ac Awst. Cawn flodau, felly, ar un math neu'r llall, drwy'r flwyddyn, hyd yn oed ganol gaeaf. Mae hyn yn egluro'r dywediad ei bod yn 'dymor caru tra bo'r eithin yn ei flodau', a'r hyn a ddywedir am rywun cyndyn o dalu: 'fe dalith pan fydd yr eithin wedi gorffen blodeuo'!

Tyfa eithin mewn pridd gweddol sych, ond heb ryw lawer o ddyfnder iddo fel arfer. Mae'n arwydd da felly o ansawdd y tir, fel y gwelwn yn yr hen rigwm, 'dan redyn mae aur, dan eithin mae arian, dan y grug (neu frwyn) mae llwgfa'. Ystyr hyn yw bod rhedyn yn tyfu ar bridd dwfn, sych, sy'n golygu y gall rhywun wneud ei ffortiwn os gall ennill y tir hwnnw i amaethyddiaeth. Mae arian go lew i'w wneud hefyd o dir eithinog, ond tydi'r graig ddim yn bell o'r wyneb a bydd y borfa'n dueddol o losgi'n grimp yn ystod haf sych. O fentro ceisio ennill tir grugog (neu frwynog), y

Brigyn blodeuog o'r eithin Ffrengig ym Mai

peryg yw llwgu yn yr ymgais (cyn dyddiau'r peiriant jac codi baw a draeniau plastig, hynny yw).

Mae'r eithin Ffrengig mor gyffredin gan i gryn dipyn ohono gael ei blannu ar un adeg i fwydo anifeiliaid. A pham lai? Legiwm ydi o wedi'r cyfan, sef aelod o deulu'r pys, ac yn faethlon iawn, yn llawn protin. Roedd eithin yn arfer cael ei fwydo i anifeiliaid yma yng Nghymru yn yr 16eg ganrif, ac ynghynt na hynny, mae'n debyg.

I droi'r eithin yn borthiant byddai'r canghennau ifanc yn cael eu curo efo pastwn tew neu â gordd eithin, sef math o forthwyl pren hefo darn haearn ar ei flaen ar ffurf croes. Diben hynny oedd malu'r pigau a chwalu'r coesau yn un slwtsh meddal tebyg i welltglas gwlyb. Byddai bwydo hwn i wartheg yn gymysg â gwair wedi ei falu yn gwella safon y llaeth a'r menyn, ac o'i fwydo'n gymysg â cheirch rhoddai nerth i geffylau. Ond doedd dim angen malu eithin i'r mulod oedd yn cario copr o Fynydd Parys ym Môn yn y 18fed ganrif, nac i'r geifr gwylltion sy'n dal i grwydro Eryri, gan fod eu cegau'n ddigon caled i'w fwyta, pigau neu beidio!

Erbyn canol y 18fed ganrif roedd melinau eithin pwrpasol o bren ar waith yng Nghymru, a rhai o haearn erbyn diwedd y 19eg ganrif. Mewnforid hadau eithin o Ffrainc a'u plannu mewn 'gerddi eithin' tuag acer o faint, â'r crop yn cael ei dorri mewn cylchdro o dair blynedd. Y tric oedd hau yn ddigon trwchus fel bod y coesau'n tyfu'n syth i fyny heb ganghennu. Yna'u torri, a gwneud hynny'n ddigon aml rhag iddyn nhw fynd yn rhy bigog a chaled, a'u clymu'n feichiau i'w cario i'r beudai i'w malu. Roedd hynny'n dal i ddigwydd tan o leia y 1930au.

Plannwyd eithin mewn gwrychoedd hefyd, a byddai'n effeithiol iawn i atal stoc, nes i rywun roi matsien ynddo fo a chreu andros o fwlch. Ac o sôn am dân, roedd coesau eithin wedi crino – neu boethwal fel y'u gelwid – yn dda iawn fel priciau tân; a ffaglen neu 'stogan' eithin yn ddefnyddiol iawn i gynhesu popty i grasu bara. Ond tân byrhoedlog ydi o – yn fflamau mawr a mwg sy'n gorffen yn sydyn. Does dim rhyfedd bod rhywun sy'n creu stŵr mawr cyn chwythu'i blwc, yn cael ei ddisgrifio fel 'tân eithin'!

8. Criafolen   3 Mehefin 2006

Coeden amlwg iawn ei blodau ar hyn o bryd yw'r griafolen, neu gerddinen (*Sorbus acuparia*). Mae'r pennau mawr blodeuog, sy'n glystyrau gwastad o fân-flodau gwynion, yn arwydd da fod yr haf wedi cyrraedd o'r diwedd ... wel, i fod!

Wyddoch chi nad oes yr un goeden arall sy'n gyfoethocach na'r griafolen o ran coelion a llên gwerin. A'r rhyfeddod ydi, lle bynnag ar draws y byd y tyfa'r griafolen a'i theulu, ceir yr un goel ei bod yn amddiffyn rhag drwg. Fe dyfa drwy ucheldiroedd Ewrop a gogledd Affrica ac i'r dwyrain cyn belled â gorllewin Asia, ac ar ben hynny, mae ganddi tua 100 o berthnasau agos yn nheulu'r *Sorbus*, a'r rheiny'n tyfu reit ar draws hemisffer y gogledd a drosodd i ogledd America. Yno, fel yng Nghymru, caiff y *Sorbus americana* ei hystyried gan rai o'r llwythau brodorol yn goeden a all amddiffyn rhag drwg – sy'n dipyn o gyd-ddigwyddiad.

Yn y gwledydd Celtaidd, credir ei bod yn lwcus iawn i'w chael yn tyfu ger y tŷ neu'r beudai gan ei bod yn gallu gwarchod rhag gwrachod. Yn yr un modd, mae'n anlwcus iawn ei thorri, yn arbennig ar Noswyl Calan Mai, am fod hon yn un o'r tair Ysbrydnos yn y flwyddyn, pan fydd llawer o ysbrydion o gwmpas, a gwrachod yn gwneud drygau.

Un o driciau gwrachod oedd dwyn llefrith y gwartheg ac amharu ar gorddi'r menyn. I atal hynny byddai pobl yn rhoi cangen griafol uwchben drws y beudy, neu, fel ar Ynys

Aeron cochion y griafolen yn wledd y gaeaf, bronfraith
yn yr achos hwn

Manaw, yn gosod croes fechan o griafol ar y drws. Rhaid oedd gwneud y groes efo llaw, heb ei chyffwrdd â chyllell haearn.

Yn Iwerddon, byddai pobl yn clymu tamaid bach o griafol ar gynffon buwch, gan ei chlymu ag edau goch os yn bosib, gan fod y lliw hwnnw'n gwarchod rhag drwg hefyd. Yr un goel sy'n egluro pam fod aeron coch y gelynnen yn bwysig i addurno tai dros y Dolig. I amddiffyn menyn, fe wnâi pobl yn siŵr fod darn bach o bren criafol yn rhan o'r fuddai ar gyfer y corddi – yr handlen fel arfer.

Byddai angen amddiffyn y cnydau ar Noswyl C'lamai hefyd. Dywed Edward Llwyd yn 1700 (gweler *Parochialia*, 1909-1911): 'Dodant gangen o bren Kerdin ymhob congl o gae rhyg'. Cynhwysid brigyn neu ddau o griafol wrth doi teisi gwair, ŷd a hefyd tai (yn nyddiau toeau gwellt) i'w harbed rhag melltithion gwrachod, a mellt.

Defnyddid pren y griafolen warchodol i wneud pob

mathau o bethau. Fe'i ceid yng ngwneuthuriad adeiladau, yn handlenni offer, y droell ac yn sicr yng nghrud y babi. Roedd angen arbed y babi rhag y tylwyth teg, rhag i'r rheiny ei ddwyn a'i ffeirio am eu babi da-i-ddim eu hunain, rhywbeth a elwid 'y cyfnewidiad'. Gwae chi pe digwyddai hynny, felly pren criafol amdani! Fe'i hymgorfforid yn rhan o'r crud a rhoddid procer haearn ar droed y crud hefyd dros nos gan nad yw'r tylwyth teg yn hoff o haearn chwaith!

Ffon griafol oedd dewis rhai o'r porthmyn i'w chario wrth yrru gwartheg i Loegr, a'r wagenwyr hwythau wrth yrru ceffylau. Os nad oedd rhywun am gario ffon, fe wnâi darn bach o bren criafol yn ei boced yn iawn hefyd. Ddeuai'r un wrach yn agos wedyn – a phetai hi'n meiddio gwneud – o roi slap sydyn iddi efo'r ffon fe ddiflannai i uffern yn syth. Ydyn, mae gwrachod ofn y griafolen am eu bywydau, a phan oedd gwrach yn cael ei llosgi byddai criafol yn rhan o'r goelcerth!

Does 'na fawr o ddefnyddiau meddyginiaethol i'r griafolen, er bod Price & Griffiths, Abertawe yn eu *Llysieulyfr Teuluaidd* (1858) yn sôn ei bod yn dda ar gyfer chwalu cerrig yn yr arennau. Mae'r aeron yn dda i wneud jeli i'w fwyta efo ffesant ac mae'r Albanwyr yn gwneud gwirod ohonyn nhw. Yng Nghymru ar un adeg, fel y dywed Margaret Grieve yn ei chyfrol enwog *A Modern Herbal* (1992), 'The Welsh used to brew an ale from the berries, the secret of which is now lost'. Os ydych chi'n gwybod y risêt, mi fuaswn i'n lecio'i chael hi!

9. Blodau Gŵyl Ifan   24 Mehefin 2006

Mae hi'n Ddydd Gŵyl Ifan heddiw, y dyddiad eglwysig sy'n dathlu pen blwydd Ioan Fedyddiwr ac, yr un mor bwysig, hwn yw'r dathliad Cristnogol agosaf at ddydd hira'r flwyddyn. Roedd y dydd hiraf, sef Troad y Rhod, Hirddydd Haf neu Alban Hefin, yn un o'r dyddiau pwysicaf ar un cyfnod yng nghalendr yr hen Geltiaid paganaidd. Dyma pryd y bydden nhw'n cynnau coelcerthi ac yn aberthu i geisio cryfhau nerth yr haul, fyddai'n dechrau colli ei rym o hynny allan. Pwrpas y coelcerthi fyddai ceisio rhoi hwb i'r haul i'w atgyfnerthu, yn y gobaith y buasai ganddo ddigon o nerth i orffen aeddfedu'r cnydau a'r ffrwythau cyn Calan Gaeaf.

Roedd llawer iawn o hwyl a miri'n gysylltiedig â'r dathliadau yma, er eu bod nhw, erbyn y Canol Oesoedd, wedi eu dofi gan yr eglwys a geisiodd eu symud o'r dydd hiraf, swyddogol, ar Fehefin yr 21ain i Ŵyl Ifan ar y 24ain. Rhan bwysig o'r hwyl fyddai dawnsio o gwmpas y Fedwen Haf – sef bedwen fechan neu gangen fedwen wedi ei haddurno â rubanau lliwgar a thorchau o flodau. Mewn sawl ardal fe'i cariwyd o un lle i'r llall gan barti dawnsio er

Llysiau Ifan ar y dydd hiraf 2017, Cors y llyn, Nebo, Dyffryn Nantlle

mwyn dod â lwc dda i bawb. Ffermydd a thai gwasgaredig oedd yma yng Nghymru, yn wahanol i Loegr a llawer o wledydd y Cyfandir lle roedd mwyafrif y bobl yn byw mewn pentrefi. Dyna pam fod yn rhaid ei chludo o un lle i'r llall. Dawnsio o gwmpas polyn mawr lliwgar yng nghanol y pentre fyddai'r drefn arferol y tu allan i Gymru.

Agwedd arall o'r defodau canol haf oedd y byddai pobl yn credu bod noswyl y dydd hiraf yn un o dair Ysbrydnos y flwyddyn, ar y cyd â Chalan Mai a Chalan Gaeaf. Ar y nosweithiau hyn byddai ysbrydion yn dod o'u byd nhw i'n byd ni, ond wrth lwc, roedd rhai o blanhigion canol haf yn effeithiol iawn i amddiffyn pobl ac anifeiliaid rhag drwg. Y pwysicaf o'r rhain oedd llysiau Ifan, efo'i flodau melyn hardd (sydd yr un lliw â'r haul, sylwch) sy'n blodeuo o gwmpas y dydd hiraf. Ffurf arall ar Ioan, sef Ioan Fedyddiwr, yw Ifan ac fe'i gwelwch yn enw'r blodyn, yng Ngŵyl Ifan ac Ysbyty Ifan.

Mae tua 20 math o lysiau Ifan, i gyd yn aelodau o deulu'r *Hypericum* neu eurinllys, yn tyfu yn y wlad hon. Yr eurinllys pedronglog (*H tetrapterum*) mewn llefydd corsiog a'r eurinllys trydwll (*H perforatum*) yn y gwrychoedd yw'r mwya cyffredin o'r mathau gwylltion. Aelodau eraill yw rhosyn Saron a'r dail Beiblau, neu twtsan, mewn gerddi.

Arferai pobl roi torchau o lysiau Ifan ar ddrysau'r tŷ a'r beudy i warchod rhag gwrachod, melltithion, ysbrydion, ellyllon, mellt a tharanau ... a hyd yn oed y gŵr drwg ei hun! Roedden nhw'n effeithiol iawn yn hyn o beth ac mae'r enwau ar y llysiau mewn sawl iaith, yn enwedig ar y Cyfandir, yn cyfeirio at hynny: 'tafrfwgan' yn Gymraeg, *fuga daemonum* yn Lladin (sy'n golygu dychrynwr ellyllon), *teufelsflücht* (gyrru'r diafol ar ffo) yn Almaeneg, a *cacciadiavola* (bwriwr allan y diafol) yn Eidaleg. Daw'r enw gwyddonol, *Hypericum*, o'r Groeg, yn golygu 'uwchlaw'r diafol'. Os oedd ysbryd drwg yn poeni'r tŷ 'cw rhoddid bwnsiaid o lysiau Ifan dan y gobennydd er mwyn cael llonydd i gysgu'r nos, a thipyn bach dan y gesail i gael llonydd yn ystod y dydd.

Mae gwerth meddygol pwysig i lysiau Ifan, sef i wella clwyfau. Hwn a ddefnyddiwyd gan fynachod Urdd Sant Ioan i wella milwyr y Croesgadau yn y Canol Oesoedd pan oedd y mynachod milwriaethus rheiny'n brwydro i ennill Palesteina oddi ar y Saraseniaid. Cyfraniad Llywelyn at yr ymgyrch honno oedd rhoi tir yn Nyffryn Conwy i Urdd Sant Ioan i sefydlu ysbeid-ty, neu le i aros dros nos i bererinion ar eu ffordd i Enlli – gelwir y lle yn Ysbyty Ifan erbyn heddiw. Mae'r cyswllt â iacháu i'w weld o hyd yn enw Brigâd Ambiwlans Sant Ioan. Felly Gŵyl Ifan, llysiau Ifan, Urdd Sant Ioan a'r Frigâd Ambiwlans – fe gawn ni eu cofio i gyd heddiw.

10. Grug   26 Awst 2006

> Tlws eu tw' liaws tawel – gemau teg
>   Gwmwd haul ac awel;
>   Crog glychau'r creigle uchel,
>   Fflur y main, ffiolau'r mêl.

Dyna ddywedodd Eifion Wyn, yntê? Mae tri math o rug yn tyfu'n wyllt yng Nghymru, sef grug y mêl (*Erica cinerea*) sy'n gyffredin iawn efo clwstwr o glychau piws crwn ar flaen pob cangen; grug croesddail (*Erica tetralix*), sy'n llai cyffredin, â chlychau mawr pinc ar flaen pob cangen; a grug yr ysgub (*Calluna vulgaris*) sydd eto'n gyffredin iawn, efo sbrigyn o flodau mân pinc ar hyd pen pob cangen. Ling ydi'r enw Gaeleg am hwn, a dyna a fabwysiadwyd yn enw Saesneg iddo fo hefyd. Mae ei enw gwyddonol, *Calluna*, yn

Grug y mêl â'i glychau
porffor tywyll

Mae grug yr ysgub yn
oleuach a meinach

dod o'r gair Groegaidd am lanhau – sy'n cyfeirio at ei ddefnydd fel ysgub, fel yn yr enw Cymraeg.

Roedd sawl defnydd i rug yn yr hen ddyddiau: i wneud ysgubau i frwsio lloriau, yn sicr; yn wely i anifeiliaid yn y beudy dros y gaeaf ac i doi tyddynnod mynyddig cyn dyddiau llechi neu shitiau sinc.

Roedd yn bosib plethu'r coesau i wneud basgedi a rhaffau, a gwneid plethwaith ohono mewn tai ffrâm pren i'w plastro i wneud y waliau mewnol. Defnyddid gwellt ŷd neu wiail i'r un diben hefyd. Rwy'n cofio gweld, flynyddoedd yn ôl ym Mangor, blethwaith gwellt oedd wedi dod i'r golwg wrth adnewyddu tŷ oedd â llygoden fach, sych grimp, wedi ei mymieiddio ynddo fo. Roedd hi dros 200 oed.

Defnyddid grug yn danwydd i wresogi poptai bara. Mae Bob Owen Croesor (*Diwydiannau Coll*, 1943) yn disgrifio gruga, neu hel grug, fel hyn:

Diwydiant i ferched oedd cynnull grug i'w werthu. Gellid gweld dwsin neu fwy o wragedd a phlant gyda merlyn bob un, a dau swp o rug o boptu iddo, yn crogi wrth gorn y strodur ... a rhwng y ddau swp grug y byddai swpyn ... o fawn, a'r cyfan wedi'i rhwymo â rheffynnau o bilion pabwyr.

Mynd â'r llwythi i'r trefi cyfagos oedden nhw, ac mewn sawl hen dref fe welwch yr enw 'Turf Square' o hyd, yn dangos lle gwerthid grug a mawn. Meddai Gutyn Peris, 'Y gwŷr yn gweithio trwy y dydd, A gruga bydd y gwragedd'.

Yn *O Benrhyn Llŷn i Botany Bay* (Cyfres Llafar Gwlad, 26, 1993) mae Ioan Mai yn disgrifio amodau ychydig bach caletach i'r merched oedd yn gruga ar yr Eifl tua 200 mlynedd yn ôl – roedd ei hen, hen nain o yn un ohonyn nhw. Doedd dim merlod ganddyn nhw, ac fel hyn mae o'n disgrifio'r gwaith:

... gwragedd y fro ... yn codi gyda'r wawr a gadael eu plant yn y tŷ. Yna troi am yr Eifl i dynnu baich o rug, a mynd â fo ar eu cefnau i Bwllheli, a hynny heb damaid o frecwast [mae Pwllheli yn saith milltir, un ffordd]. Gwerthu'r grug i'w roi dan boptai'r dref am bedair ceiniog, a defnyddio'r arian i gael bwyd i'r plant. Gyda'r nos mynd drachefn i'r mynydd i baratoi baich at fore trannoeth.

Mae Pedrog yn cyferbynnu bywydau caled tyddynwyr y mynydd-dir â moethusrwydd bywydau'r byddigions drwy gymharu'r rhosyn a'r grug:

I'r teg ros rhoir tŷ grisial – i fagu
    Pendefigaeth feddal;
I'r grug dewr, y graig a dâl,
    Noeth weriniaeth yr anial.

Erbyn hyn caiff tir grugog ei warchod yn ofalus am ei fod, er mai go brin y meddyliech chi hynny wrth droedio'r Berwyn, Hiraethog neu rannau o'r Preselau, yn gynefin prin iawn ar raddfa fyd-eang, ac yn noddfa i fywyd gwyllt arbennig iawn. Dyna un rheswm pam y rhoddwyd stop ar y grantiau hael i aredig tiroedd grugog yn y 1980au, a rhoi grantiau eraill i'w hadfer yn y 1990au!

Daeth Harri Williams, Pontarddulais, ata i yn Steddfod Abertawe 'leni hefo clamp o lindys mawr hardd, un gwyrdd â smotiau du a melyn arno fo, oedd tua maint eich bys bach. Ro'n i'n gwybod mai lindys gwyfyn yr ymerawdwr oedd o, lindys sy'n byw ar y grug. Fe'i rhybuddiais yn daer: 'Paid byth ag eistedd ar un o'r rhain, Harri – fe adawith gythraul o staen ar din dy drowsus di!'

Pennod 4

Cnydau

1. 'Falau filoedd   7 Hydref 2006

Roedd y Derwyddon yn ystyried afalau yn ffrwythau sanctaidd, ac mae'n fwy na chyd-ddigwyddiad mai Afallon, sy'n golygu 'llawn perllannau', oedd un o'r enwau ar baradwys yr hen Frythoniaid. I'r lle hwnnw y dygwyd corff Arthur, wrth gwrs.

Daeth llawer o fathau newydd o afalau i Brydain yn sgil y Rhufeiniaid, oedd yn eu tyfu mewn perllannau o gwmpas eu *villas* yn Lloegr a de Cymru. Ychydig yn ddiweddarach, yn y 6ed ganrif, roedd gan Teilo Sant berllannau mor fawr yn Llydaw nes y'u disgrifiwyd fel coedwigoedd o goed afalau. Sgwn i a ddaeth o â rhai ohonyn nhw i Gymru pan oedd o'n sefydlu ei achos yn Llandeilo a llefydd eraill?

Yn y 12fed ganrif canmolodd yr hanner Cymro a hanner Norman hwnnw, Gerallt Gymro, y berllan hardd oedd yn ei gartref ym Maenorbŷr ym Mhenfro. Daeth y Normaniaid a'r mynachod Sistersaidd, oedd hefyd o Ffrainc, â llawer o fathau newydd o afalau o'r cyfandir yn y cyfnod hwnnw, a gwelwn lawer o gyfeiriadau at afalau a pherllannau yng ngweithiau'r beirdd Cymreig,

Afal Enlli ym mherllan Pant Du, Dyffryn Nantlle

gan gynnwys cywydd enwog Iolo Goch yn canmol Sycharth, cartref Owain Glyndŵr, a ysgrifennwyd yn y 1380au.

Daeth mwy o fri byth ar berllannau yng nghyfnod y Tuduriaid, cyfnod o lewyrch economaidd pan fu llawer o fuddsoddi mewn tai crand a gerddi. Dyma pryd y daeth y dechneg o impio toriadau o afallen gynhyrchiol i fonyn o fath arall yn gyffredin – bonyn o goeden afalau surion, hyd yn oed. Mae rhai o'r hen berllannau Tuduraidd hynny yn dal i fodoli, llawer ohonynt dan ofal yr Ymddiriedolaeth Genedlaethol erbyn hyn ac amryw yn dal i dyfu'r hen fathau gwreiddiol o afalau Tuduraidd.

Enwau rhai afalau Cymreig yng nghasgliad Gardd Fotanegol Genedlaethol Cymru, Llanarthne

Yng nghyfnod Cromwell magodd afalau ddelwedd grefyddol, gan fod rhai Piwritaniaid yn cymell cynllun cenedlaethol i blannu perllannau ym mhobman. Eu dadl oedd mai perllan oedd yr Eden wreiddiol cyn i Adda ac Efa gael eu hel oddi yno am eu pechodau. Roedd yn ddyletswydd ar Gristnogion, felly, i adfer y baradwys ddaearol drwy blannu coed afalau. Roedd John Bunyan yn dilyn yr un trywydd yn *Taith y Pererin* pan ddywedodd y byddai tir y Ddinas

Nefolaidd yn ddi-rent, a'r afalau yno am ddim i bawb!

Dywedir y byddai porthmyn wrth ddychwelyd o Loegr yn dod ag afalau o berllannau Caint a Dyffryn Evesham adref efo nhw, a bod rhai wedi eu plannu, ac yn dal i dyfu, ar ambell fferm yng Ngheredigion. Yn ogystal â hyn byddai cannoedd o ferched ifanc, o orllewin Cymru yn bennaf, yn canlyn y porthmyn i weithio ym mherllannau Caint a'r gerddi helaeth oedd yn amgylchynu Llundain. Rhain oedd Merched y Gerddi, ac fe ddaethon nhwythau â mathau newydd o afalau yn ôl i Gymru efo nhw ar ddiwedd y tymor.

Yn Oes Fictoria a dechrau'r 20fed ganrif y gwelwyd oes aur tyfu afalau'n fasnachol, gan fod poblogaeth ddiwydiannol enfawr yn awchu am gynnyrch y perllannau. Hynny yw, cyn i ffrwythau o bob math ddechrau cael eu mewnforio o dramor, a chyn i orenau a bananas ddod yn boblogaidd. Yn llythrennol, roedd 'na filoedd o wahanol fathau a phawb oedd â gardd yn tyfu eu hafalau eu hunain.

Ond beth am yr afalau Cymreig? Bu cryn dipyn o ymchwilio i'w hanes yn y blynyddoedd diweddar, ac ail-ddarganfuwyd sawl math 'coll', megis afal Enlli. Afalau coginio yw'r rhan fwyaf a ddaeth i'r fei, ynghyd â sawl math o afal seidr ar y gororau ac ychydig o afalau bwyta. Rhestrodd Iolo Morgannwg 67 math o afalau Morgannwg ddau gan mlynedd yn ôl, ac mae amryw o'r rhain, yn cynnwys y Brith Mawr a ail-ddarganfuwyd yn ddiweddar, yn dal i dyfu yn y fro. Mae D.J. Williams yn *Yr Hen Dŷ Fferm* yn nodi bod ei daid wedi plannu afal Ficar, afal Niclas ac afal Bŵen Bach. A beth am enwau fel afal Glansefin, afal Pren Glas, afal Melys, afal Pen Caled, afal Pig y Deryn, afal Sant Cecilia, Cissy ac afal Tin yr Ŵydd ... sy'n enw difyr, a dweud y lleia!

2. Nionod

Y nionyn, neu'r winwnsyn i chi bobl y de, yw un o'r llysiau pwysicaf ar ein bwydlen. Mae o'n llysieuyn yr ydach chi un ai yn ei hoffi neu yn ei gasáu. Mae fy chwaer yn ei gasáu â chas perffaith am ryw reswm, ond rydw i wrth fy modd efo fo.

Ro'n i'n bwyta nionod yn amrwd ar un adeg i gadw fy hun rhag cael annwyd yn y gaeaf, ond erbyn deall, tydi gwyddonwyr ddim yn credu bod nionyn yn arbed neb rhag annwyd. Hy! Os fwytwch chi nionod, neu gwell fyth, garlleg, bydd pawb yn cadw draw, sy'n golygu y bydd gynnoch chi lawer llai o siawns o ddal annwyd!

Mae'r nionyn a rhai o'i berthnasau agos, sef garlleg a'r genhinen, ymysg y planhigion hynaf i gael eu meithrin gan ddyn. Tardda'r nionyn ei hun o ganol Asia, lle mae Pakistan, Iran ac Afghanistan yn cyfarfod, ac mae cofnod bod yr hen Eifftiaid yn ei dyfu yn 3,200CC. Mae cyfeiriad yn yr Hen Destament mai un o'r pethau yr oedd yr Israeliaid yn hiraethu fwyaf amdano wedi gadael yr Aifft efo Moses oedd nionod, i roi blas ar eu bwyd.

O ganol Asia hefyd y daeth garlleg – er bod rhai yn gresynu na fuasai wedi aros yno! Wyddoch chi fod garlleg wedi ei ganfod ym meddrod Tutankhamun, lle'i defnyddiwyd i fymieiddio'r corff?

O ardal Lebanon y daeth y genhinen ac roedd hon hefyd, fel y nionyn, yn un o gnydau'r hen Eifftiaid. Mae'n ddifyr bod y genhinen yn boblogaidd ymysg cenhedloedd gogledd Ewrop ac yn arwydd cenedlaethol i ni'r Cymry, tra cysylltir garlleg â bwydydd cenhedloedd de Ewrop. Y rheswm pam, mae'n debyg, yw bod y genhinen yn well am ddal oerni na'r garlleg, ac yn fwy cyffredin, felly, yn y gogledd. Erbyn hyn, yn sgil ehangu gorwelion ein bwydlenni o'r 1960au ymlaen diolch i wyliau tramor ac ymuno â'r Farchnad Gyffredin, rydym ninnau wedi cymryd at arlleg hefyd. Does 'na ddim byd gwell na thamaid o fara garlleg efo'ch *spaghetti bolognese.*

Ond heblaw am roi blas i fwyd, mae'r nionyn a'i deulu yn dda i'r iechyd ar sawl cyfrif. Mae nionyn yn gallu torri braster i lawr yn y corff, yn enwedig colesterol; ac mae'n dda iawn hefyd i ladd germau. Syniad da, felly, yw cynnwys nionyn yn y badell pan fyddwch chi'n ffrio briwgig ac ati, a phan fyddwch yn stwffio twrci neu ŵydd at y cinio Dolig, bydd y stwffin saets a nionod nid yn unig yn gwella'r blas, ond yn cadw'r bwyd ychydig yn iachach 'run pryd.

Mae'n hen, hen syniad bod rhoi nionod wedi'u torri, neu arlleg, yn stafell wely rhywun sy'n dioddef o ryw haint yn ffordd dda o gadw'r awyr yn iach. Roedd pobl yn gwneud hyn ymhell cyn i neb ddeall mai germau oedd yn achosi afiechydon, ac yn crogi nionod a garlleg y tu mewn a thu allan i dai dioddefwyr y pla yn y Canol Oesoedd. I bobl yr oes ofergoelus honno, byddai'r nionyn a garlleg yn eu harbed rhag melltith, gwrachod ac ysbrydion drwg.

Ceir llawer o goelion gwerin am nionod. Byddai merched ifanc yn rhoi nionyn neu genhinen dan glustog y gwely er mwyn gallu breuddwydio am eu darpar ŵr. Y noson i wneud hyn, gyda llaw, oedd Dygwyl Domos (21 Rhagfyr), y dydd byrraf.

Defnyddid nionod yn

Patrick Mevel, y Sioni Winwns o Landerneau, yng Nghricieth, 2010 ogystal i broffwydo tywydd y flwyddyn newydd. Hen arfer ym Morgannwg oedd hwn, a ddigwyddai yn ystod deuddeg dydd gwyliau'r Nadolig. Ar Ddygwyl Steffan, 26 Rhagfyr, byddai pobl yn torri hanner dwsin o nionod yn eu hanner a'u gosod yn un rhes, yn wynebu at i fyny, a rhoi tomen o halen ar bob un. Byddai'r hanner nionyn cyntaf yn cyfateb i Ionawr, yr ail i Chwefror a'r trydydd i Fawrth, ac yn y blaen. Ar y deuddegfed dydd, sef 6 Ionawr, edrychid ar bob un ac os oedd yr halen yn sych ar unrhyw nionyn fe fyddai hwnnw'n fis sych, ac i'r gwrthwyneb. Wedyn, byddai'r nionod yn mynd i'r pot i wneud rhyw lobsgóws neu gawl ... un reit hallt, mae'n rhaid!

3. Tatws   16 Mehefin 2012

'Well 'da fi fod yn daten, a byw o dan y ddaear ...' Dyna ganodd Huw Chiswell, ac roedd 'Sosej, Bîns a Chips' yn gân gan Jim O'Rourke yn y 1980au. Hoffter Wil o 'Datws drwy'u Crwyn' oedd testun geiriau Hogia'r Wyddfa – oes, mae sawl cyffyrddiad tatysaidd yn ein llenyddiaeth gyfoes. Mae'r un peth yn wir am ein llên gwerin: beth am y goel bod cario taten fechan yn eich poced yn beth da at gryd y cymalau? Yn ôl y goel, fel y byddai'r daten yn raddol sychu a chrebachu, y byddai'r cryd y cymalau'n raddol gilio hefyd.

Be fuasen ni'n ei wneud heb y daten, dwedwch? Mi fu hi'n boblogaidd ers canrifoedd yn Ewrop – cafodd ei datblygu gyntaf fel cnwd gan frodorion yr Andes (ardal Periw erbyn heddiw) ryw 6–7,000 o flynyddoedd yn ôl. Mae ffermwyr yr Andes hyd heddiw yn tyfu wyth neu naw o wahanol rywogaethau o datws, a rhyw 3–5,000 o wahanol fathau ohonyn nhw. Dim ond un rhywogaeth – *Solanum tuberosum* – gaiff ei thyfu yn Ewrop ac mae tua 2,000 o wahanol fathau masnachol ohoni.

Daeth tatws yn gyfarwydd i Ewropeaid wedi i'r

Y tatws buddugol, Primin Môn, 2017

Sbaenwyr goncro Incas Periw yn y 1530au. Cyn hir, dechreuodd morwyr Sbaen gario tatws oddi yno i'w bwyta ar y fordaith adref. Araf iawn fu ffermwyr Sbaen yn dod i dderbyn y daten, am ei bod mor newydd ac anghyfarwydd. Ond pan ddechreuwyd ei thyfu o gwmpas porthladdoedd ar gyfer morwyr, oedd yn ei gweld yn gyfleus ac yn para'n dda ar fordeithiau hir, enillodd ei phlwy yn raddol.

Araf iawn hefyd oedd lledaeniad y daten drwy weddill Ewrop, gan fod y werin yn meddwl ei bod yn aflan a gwenwynig ac yn achosi llu o afiechydon – fel y sgroffiwla, y gwahanglwyf, y pocs ac, yn waeth fyth, yn gyrru pobl yn rhywiol wyllt a gorffwyll! Doedd Syr Walter Raleigh, y cyntaf i'w chyflwyno i ynysoedd Prydain, fawr o help chwaith. Pan ddaeth o â thatws o Virginia i Corc yn Iwerddon yn 1589, gwahoddodd ei gyfeillion bonheddig i wledd, a chafwyd tatws ym mhob cwrs. Gwaetha'r modd, roedd y cogydd braidd yn ddi-glem, a choginiodd nid yn unig y tatws ond y gwlydd a'r dail gwenwynig hefyd.

Canlyniad hynny oedd bod pawb yn sâl ofnadwy, a dyna ddiwedd ar datws yn gnwd yn Iwerddon am genhedlaeth arall, o leiaf.

Rhaid oedd bod yn gyfrwys iawn er mwyn cyflwyno tatws i werin Ffrainc, oedd yn amheus iawn o'r llysieuyn tanddaearol. Gŵr o'r enw Parmentier oedd yn gyfrifol am gael gwared â'r rhagfarn, a'r hyn wnaeth o oedd plannu rhyw 100 acer o datws ar gyrion Paris yn 1785 a gosod milwyr i warchod y cae. Pan oedd y tatws yn barod i'w codi gwnaeth yn siŵr fod y milwyr yn cael nosweithiau i ffwrdd o'u dyletswyddau. Fel roedd o wedi gobeithio, aeth y trigolion lleol yno dan glogyn tywyllwch i ddwyn y tatws, a'u cael yn dda iawn i'w berwi a'u bwyta. Aeth rhai â thatws adra i'w plannu ar eu ffermydd eu hunain, gan chwalu'r hen ragfarn am y daten.

Yn ystod y cyfnod hwn, pan gynyddodd poblogaeth Ewrop a gogledd America'n aruthrol yn sgil y chwyldro diwydiannol tua diwedd y 18fed ganrif, daeth y daten yn bwysig iawn. Bu'n achubiaeth i'r werin rhag newyn sawl tro pan fethodd yr ŷd oherwydd tywydd enbyd a gafwyd yn ystod sawl blwyddyn ar ddiwedd y 18fed a dechrau'r 19eg ganrif. Gwaetha'r modd, aeth rhai gwledydd yn or-ddibynnol ar datws – Iwerddon yn un. Pan fethodd y cnwd tatws yno'n drychinebus yn 1845, llwgodd dros filiwn o bobl i farwolaeth ac ymfudodd tair miliwn oddi yno, i America yn bennaf.

Wyddoch chi mai Cymro – yr Arlywydd Thomas Jefferson – a gyflwynodd sglodion tatws, neu jips, i America? Roedd ffrio stribedi tatws eisoes yn boblogaidd yn Ffrainc, a Jefferson, yn 1801, ddechreuodd y ffasiwn honno yn yr UDA, gan eu galw'n *French fries. Chips* gawsant eu galw yn Lloegr, gan fod y Saeson yn casáu'r Ffrancwyr!

4. Teulu'r Bresych 7 Gorffennaf 2012

Ar ambell glogwyn calchog ar arfordiroedd Cymru gallwch ddod ar draws planhigyn â dail mawr llwydwyrdd, llydan, trwchus, crychlyd, sydd â sbrigau o flodau melyn arno yn yr haf. Dyma'r fresychen wyllt (*Brassica oleracea*) fyddai, petai hi'n fresychen wyllt go iawn, yn hen, hen nain i nifer o'r llysiau cyfarwydd y byddwn yn eu bwyta, bron bob wythnos am wn i, yn rhan o'n cinio Sul: y fresychen, cabaitsh coch, brocoli, blodfresych, ac ysgewyll. 'Petai hi'n fresychen wyllt go iawn,' medda fi, oherwydd de Ewrop ydi gwir gynefin yr un wyllt, a'r tebygolrwydd yw mai bresych gardd wedi troi'n ôl yn wyllt sydd i'w gweld yma.

Mae tystiolaeth bod un math o fresychen (*B tsinensis*) yn cael ei thyfu yn Tsieina ryw 4,000 o flynyddoedd yn ôl, a bod ein math ni yn ne Ewrop o leia 2,500 – 3,000 o flynyddoedd oed. Ond go brin y byddai'r planhigion a dyfid bryd hynny ryw lawer yn wahanol i'r bresych gwylltion, ac araf iawn y datblygodd ac y gwellhaodd y cnwd dan law garddwyr neu amaethwyr cynnar. Yn sicr, byddai'r rheiny wedi dethol planhigion mwy cynhyrchiol a melysach fel cnwd i'w bwyta. Braidd yn gryf fyddai'r mathau cynnar o fresych, a byddai'r Groegiaid a'r Rhufeiniaid yn gweld angen i'w berwi ddwywaith i'w cael yn fwytadwy.

Mae'r Rhufeiniwr Cato yr Hynaf yn ei lyfr *De Agri Cultura*, a gyhoeddwyd yn yr ail ganrif cyn Crist, yn canmol y fresychen i'r entrychion am ei gwerth meddygol yn ogystal â fel bwyd. 'O'r holl lysiau y wychaf yw'r fresychen,' meddai. Defnyddid sug y fresychen fel ffisig peswch efo mêl ar un adeg; defnyddid y dail i gael gwared â llyngyr ac fe'i rhoddid yn bowltis poeth ar friwiau llidus neu gryd y cymalau. Ond tipyn o hen gythraul oedd Cato, yn ffermio ar raddfa fawr iawn gan ddefnyddio cannoedd o gaethweision a'u gweithio'n galed iawn. Argymhellai yn ei lyfr na ddylid gwastraffu bwyd ar rai fyddai'n mynd yn sâl,

Bresychen

ac y dylid cael gwared â'r rheiny a fyddai wedi mynd yn rhy hen i weithio.

Erbyn y ganrif gyntaf OC roedd y Rhufeiniaid wedi datblygu nid yn unig y mathau deiliog o fresych (fel cêl bwytadwy) ond hefyd mathau byr eu coes, oedd â'r dail ifanc yn y canol yn cofleidio'i gilydd yn belen dynn, sef y fresychen gron yr ydym mor gyfarwydd â hi heddiw. Tyfai Celtiaid canolbarth Ewrop eu math eu hunain o fresychen yn y 5ed a'r 6ed ganrif CC, a chafodd y mathau Rhufeinig groeso ganddynt yn ddiweddarach. Mewn gwirionedd, yng ngogledd Ewrop y gwelwyd y datblygiad mwyaf yn hanes y fresychen fel cnwd am mai yma y mae'n tyfu orau.

Drwy fridio dethol dros y canrifoedd, esgorodd y fresychen wyllt ar amrywiaeth ryfeddol o wahanol lysiau. Yn yr Almaen yn gynnar yn y Canol Oesoedd datblygwyd y colrabi, neu faip-fresychen, sydd â choesyn chwyddedig fel swejan neu feipen; yn yr Eidal datblygwyd blodfresych yn y 15fed ganrif a brocoli yn yr 16eg ganrif, y ddau yma â blodau chwyddedig, ac yng ngwlad Belg yn y 18fed ganrif y datblygwyd math o fresychen â blagur chwyddedig ar hyd y coesyn – yr ysgewyll, neu Brussels sbrowts, wrth gwrs.

Ond doedd pawb ddim yn gwirioni 'run fath ar rinweddau'r fresychen. Mae gan Nicholas Culpepper ddisgrifiad eitha lliwgar a chymhariaeth wreiddiol iawn o'i heffeithiau honedig yn ei lyfr meddygol enwog *A Complete Herbal* (1653). 'Mae bresych yn codi gwynt yn enbyd arnoch, boed i chi eu cymryd yn fwyd neu yn feddygol – cystal ag y bydded i chi fod wedi llyncu bag-pib neu fegin,' meddai.

Gyda llaw, tyfwyd y fresychen fwyaf erioed gan William Collingwood yn Swydd Durham yn 1865, yn pwyso 123 pwys. Roedd dipyn o waith bwyta ar honno ... a sgwn i faint o wynt gynhyrchodd hi?

5. Swêj, Rwdins a Rêp   24 Gorffennaf 2012

Bu teulu'r fresychen yn eithriadol o garedig wrthon ni. Roddodd y fresychen wyllt, *Brassica oleracea*, lysiau fel blodfresych, bresych, brocoli a sbrowts i ni, fel y soniais uchod, ond bu aelodau eraill o deulu'r fresychen hefyd yn ddefnyddiol.

Ystyriwch y *Brassica nappus*, sydd wedi rhoi i ni rwdins, neu swêj, a hefyd rêp a rêp olew. O ganolbarth Ewrop y daeth hon yn wreiddiol, wedi codi o groesiad prin rhwng y fresychen wyllt (*B oleracea*) a'r feipen wyllt (*B rapa*). Yn Bohemia, Gweriniaeth Tsiec, yn y 16eg ganrif y dechreuwyd ei thyfu'n gnwd gwraidd amaethyddol. Oddi yno ymledodd i Sweden a chyrraedd Lloegr yn y 1780au. Ac am mai o Sweden y daeth hi i Brydain mae hi'n dal i gael ei galw'n Swede gan y Saeson, a swejan yng Nghymru. Yr enw arni yng ngogledd America yw 'rutabaga', sy'n tarddu o enw'r Swediaid eu hunain arni, sef *rotbagga*, sy'n golygu gwreiddyn maharen. Daeth yr enw gan ffermwyr o Sweden oedd wedi ymfudo i'r UDA a mynd â'u gwreiddiau meheryn efo nhw. O 'rutabaga' y daeth ein henw Cymraeg ni ar y math o swejan a elwir yn rwdan.

Daeth swêj neu rwdins yn bwysig iawn i borthi anifeiliaid dros y gaeaf – a phobl hefyd, wrth gwrs. Sôn ydw i am y mathau sydd â chroen porffor a lliw orenaidd oddi mewn iddynt, sy'n dda wedi eu torri'n sgwariau bach mewn lobsgóws ac i wneud stwnsh rwdan efo tatws, ac yn well fyth efo chydig o foron yn y gymysgedd.

Ro'n i'n mwynhau, pan oeddwn i'n hogyn ifanc, helpu i godi a thocio swêj. Eu tynnu nhw o'r pridd, torri'r dail a glanhau'r pridd oddi ar y gwraidd efo twca a'u taflu i'r trelar, neu'r drol cyn hynny, pan oedd Diwc yr hen geffyl ganddon ni. Defnyddid twca, neu tocar, swêj i wneud y gwaith – gwnaed hwn drwy dorri darn, rhyw droedfedd a hanner o hyd, allan o hen lafn pladur, efo un pen yn bigyn wedi ei sticio i ddwrn pren. Roedd oes y bladur fwy neu lai wedi gorffen erbyn hynny heblaw am i ladd ysgall a thorri rownd ymylon cae gwair. Mi fyddai'r twca swêj hwnnw yn erfyn eithriadol o hylaw, efo llafn tenau o'r dur caled gorau, ac yn ysgafn braf. Dros y gaeaf byddwn yn troi handlen y sgrapar i falu'r swêj yn borthiant i'r gwartheg.

Defnyddid swêj i wneud jac-lantar at nos Calan Gaeaf. Torrid pen swejan go fawr yn ofalus a'i gwagio efo cyllell a llwy (bwyteid y cynnwys, wrth gwrs) cyn torri tyllau i gynrychioli llygaid, trwyn a cheg yn ochr y swejan wag, a dau dwll bach bob ochor i'w hongian ar linyn. Yna, rhoddid pwt o gannwyll oleuedig y tu mewn, gosod pen y swejan yn ôl fel cap a mynd o dŷ i dŷ i ddychryn pobl efo hi. Pwmpen mae'r plant yn ei ddefnyddio erbyn hyn, yntê?

Aelod arall o deulu'r swejan yw'r rêp deiliog, ac mae 'na beth wmbrath o wahanol fathau o'r rhain wedi eu datblygu dros yr hanner canrif ddiwethaf fel porthiant – yn enwedig i ddefaid yn y gwanwyn. Math gwahanol o rêp ydi'r rêp olew a dyfir am ei hadau. Fe welwch gaeau o flodau melyn hwn ar hyd a lled tiroedd isel ar ddechrau'r haf. O dde Ewrop y daeth y cnwd yma'n wreiddiol, lle'i tyfid o ar gyfer olew lampau. Chydig iawn oedd yn cael ei dyfu yng ngwledydd Prydain tan y 1960au a'r 70au pryd y cododd marchnad newydd i'r olew i wneud marjarîn, oedd wedi dechrau dod yn dderbyniol gan rai yn lle menyn. Wedi hynny daeth yn boblogaidd fel olew coginio iach yn lle lard i ffrio bwydydd.

Cnwd da o swêj ym Mhlas y Gwynfryn, Llanystumdwy, 1927

Dwi'n siŵr y bydd llawer mwy o rêp olew yn cael ei dyfu yn y dyfodol. Mae o eisoes yn cael ei ddefnyddio fel bio-irydd i iro cymalau rhai mathau o beiriannau, ond y prif ddefnydd at y dyfodol fydd i wneud bio-disel. Eisoes mae tua dwy ran o dair o'r holl gnwd rêp olew yn yr Undeb Ewropeaidd yn cael ei dyfu ar gyfer bio-disel, ac fel y bydd costau petrol yn cynyddu bydd peiriannau mwy pwrpasol yn cael eu datblygu i losgi tanwydd bio, a mathau mwy cymwys o'r cnwd yn cael eu datblygu i gynhyrchu gwell olew ar eu cyfer

6. Maip / Erfin   28 Gorffennaf 2012

Cnwd amaethyddol eithriadol o bwysig, ac sy'n perthyn yn agos i'r swejan a'r rêp, yw'r feipen, neu erfinen yn y de (*Brassica rapa*). Mae hon yn tarddu o'r feipen wyllt sy'n tyfu'n chwyn yma ac acw ar lawr gwlad yn bennaf: ar lannau afonydd, ochrau ffyrdd a thir gwastraff fel arfer. Doedd y feipen wyllt ddim y mwyaf poblogaidd o blanhigion y byd – dyma ddywedir mewn adroddiad ar arbrofion amaethyddol gyhoeddwyd gan Adran Amaeth Meirion, yn 1923–4: 'Mae yn debyg mai hwn yw y chwyn mwyaf trafferthus ar dir llafur, yn enwedig mewn ŷd. Nid yn unig lladrata hwn awyr, tir a bwyd y cnwd y tyf ynddo, ond hefyd mae yn lloches i glefydau … ar deulu y Swedes.' Y driniaeth oedd ei chwistrellu â sudd carreg las (copr sylffad) 3½%.

Gwreiddyn main sydd i'r feipen wyllt – yn wahanol iawn i'r gwreiddyn mawr tew a dyfir yn bennaf i fwydo anifeiliaid erbyn hyn. Rhaid i ni ddiolch i'r Arglwydd Townshend (1674–1738), neu 'Turnip Townshend' fel y'i gelwid, am boblogeiddio'r feipen yn borthiant i anifeiliaid yng ngwledydd Prydain, a hynny yn yr 1730au. Roedd Townshend yn Aelod Seneddol ac yn un o dirfeddianwyr a ffermwyr cyfoethocaf dwyrain Lloegr, ac am gyfnod bu'n llysgennad dros lywodraeth Lloegr yn Ymerodraeth Awstria. Ond roedd ganddo elynion – yn ôl y sôn, gwir neu beidio, roedd o wedi bod yn camfihafio tra oedd yn y Senedd, yn cynnwys cael hanci-panci efo gwraig rhyw Aelod Seneddol arall. Gadawodd y Senedd a throi at amaethu, gan arbrofi â dulliau newydd o dyfu cnydau.

Tra bu ar y cyfandir, gwelodd gymaint ar y blaen i Brydain oedd rhai agweddau o amaethyddiaeth yn yr Iseldiroedd a'r Almaen, a phenderfynodd eu haddasu i'w amgylchiadau ei hun. Roedd y syniad o blannu cnydau mewn cylchdro i gael y cynnyrch gorau o'r tir wedi gwneud argraff fawr arno, a dechreuodd arbrofi. Cafodd lwyddiant mawr, ac aeth ymlaen i ddatblygu'r hyn gafodd ei alw yn 'gylchdro 4-cwrs Norfolk.' Golygai hyn blannu cnydau mewn trefn arbennig dros gyfnod o bedair blynedd, sef gwenith, haidd, maip (oedd yn weddol newydd ar y pryd) a meillion. Roedd y gwenith a'r haidd yn gnydau i'w gwerthu, y maip i borthi gwartheg a'r meillion i adfer ffrwythlondeb y tir drwy ddal nitrogen o'r awyr a gwrteithio'r pridd mewn dull naturiol.

Buan iawn y daeth y dull cylchdro newydd hwn yn ffasiynol iawn ymysg ffermwyr llawr gwlad Lloegr, am ei fod nid yn unig yn dda i'r pridd a'r cnydau eraill ond roedd y cnwd maip newydd yn rhoi digon o borthiant i ffermwyr fedru cadw a phesgi gwartheg dros y gaeaf. Dyma gam mawr ymlaen oherwydd, bellach, yn lle cael gwared ar gyfran fawr o'r gwartheg yn yr hydref am nad oedd digon o borthiant gaeaf ar eu cyfer, roedd hi erbyn hyn yn bosib cadw llawer iawn mwy o stoc dros fisoedd di-borfa'r gaeaf, diolch i Turnip Townshend a'i feipen.

Meipen neu erfinen

Roedd hynny'n newyddion da iawn i ni yng Nghymru oherwydd cododd galw mawr yn Lloegr am wartheg stôr Cymreig ar gyfer eu cadw a'u pesgi ar faip dros y gaeaf. Daeth y porthmyn Cymreig yn brysurach nag erioed, a'r cyfan yn hwb mawr i'r economi Gymreig.

Daeth maip i ffermydd Cymru hefyd, gan gynnwys Môn, fel sy'n amlwg o'r hen diwn gron:

Had maip Môn,
Heuwch nhw'n gynnar, mi ddôn,
Ac os na ddôn nhw, ddôn nhw ddim
Ac os y dôn nhw, mi ddôn.

Wedi dyfodiad y rheilffyrdd y daeth y bri mwyaf ar dyfu

maip a gwraidd-gnydau eraill – roedd yn bosib bellach trycio anifeiliaid mewn cyflwr llawer gwell i Loegr nag yn y dyddiau cynt, pryd y cawsent eu cerdded am bellteroedd maith.

Daeth y feipen ar gyfnod pwysig yn hanes gwledydd Prydain, sef ar gychwyn y Chwyldro Diwydiannol, pan sefydlwyd trefi mawr newydd diwydiannol. Bryd hynny, dechreuodd y boblogaeth gynyddu'n aruthrol, ac oherwydd yr angen cynyddol i fwydo'r gweithlu newydd hwn roedd angen gwella dulliau ffermio i gadw i fyny â'r galw. Golygodd hynny i Chwyldro Amaethyddol gerdded law yn llaw â'r Chwyldro Diwydiannol. Cylchdroi cnydau a'r defnydd o'r feipen a chnydau gwraidd eraill yn borthiant gaeaf oedd un o gamau pwysicaf y Chwyldro Amaethyddol cyntaf yn y 18fed ganrif – chwyldro sydd wedi parhau ar hyd y ddwy ganrif a hanner ddiwethaf, ac sy'n dal i ddigwydd heddiw.

7. Moron a Phannas   18 Awst 2012

Mewn hen borfeydd garw ac ar ochrau ffyrdd mewn ardaloedd calchog y gwelwch chi'r foronen wyllt (*Daucus carrota*) yn tyfu. Fe'i cewch hi hefyd mewn gweirgloddiau y tu cefn i dwyni tywod, er enghraifft yn 'y garw' ym maes golff Harlech. A'r rheswm pam y cewch chi hi yno yw bod digon o falurion cregyn yn y tywod i wneud y pridd tywodlyd yn galchog. Mae o'n blanhigyn gweddol hawdd ei adnabod – rhyw ddeiliach toredig fel persli â'r blodau yn sefyll tua throedfedd neu ddwy (0.3–0.6 medr) o'r ddaear ac yn glwstwr fflat o fân flodau gwynion, ryw ddwy i dair modfedd ar draws. Tuedda'r pennau blodeuog i gyrlio rownd yr ymylon wrth hadu ganol haf, nes eu bod yn debyg i gwpan neu nyth aderyn.

Byddai gwreiddyn main gwyn y foronen wyllt yn ffisig

da ar gyfer y dŵr ac i chwalu gwynt, tra byddai'r blodau, yn ôl y llysieuwr enwog Nicholas Culpepper, yn dda i ferched oedd eisiau beichiogi. Y dull, yn syml iawn, oedd berwi'r blodau mewn gwin, ei yfed, ac yna mynd i chwilio am ddyn ... neu'r gŵr.

Yn Afghanistan ryw 2,000 o flynyddoedd yn ôl y dechreuwyd tyfu moron fel llysiau gardd, ar gyfer y dail a'r hadau yn hytrach na'r gwraidd, oedd yn borffor ac yn eithaf coediog a chwerw. Mae rhai perthnasau agos iawn i'r foronen yn dal i gael eu tyfu ar gyfer hynny: persli, ffenigl, dil a cwmin. Arab o'r enw Ibn al-Awwam ddaeth â'r foronen fel cnwd gwraidd i Ewrop am y tro cyntaf – i Sbaen yn y 12fed ganrif – a gwraidd melyn neu goch oedd gan y rheiny. O Sbaen fe'u dygwyd i'r Iseldiroedd yn yr 17eg ganrif, lle datblygwyd y mathau oren, ac oddi yno i Loegr yn fuan wedyn. Roedd y gwreiddyn oren yn boblogaidd iawn oherwydd y cysylltiad â'r brenin protestanaidd William of Orange.

Roedd moron gwyn yn bodoli bryd hynny hefyd, oedd yn cael eu galw'n foron gwartheg ac yn cael eu defnyddio i fwydo anifeiliaid. Ond am fod cnydau gwraidd eraill, fel maip a swêj, yn cymryd eu gwella yn llawer haws ac yn dipyn mwy addas i diroedd trwm, aeth yr hen foronen wen allan o ffasiwn.

Ond daeth perthynas agos i'r foronen, y banasen, sydd â gwreiddyn gwyn, yn boblogaidd fel llysieuyn gardd. Mae pannas gwyllt yn blanhigion tal, peraroglus a chanddynt glystyrau gwastad o flodau melyn, ac yn tyfu ar dir sych, calchog. Anodd yw dweud pryd y dechreuwyd tyfu pannas mewn gerddi am y tro cyntaf. Digwyddodd hynny yn ne Ewrop rywdro yn Oes y Groegiaid a'r Rhufeiniaid, mae'n debyg, ond gan nad oeddent yn gwahaniaethu'n glir iawn rhwng pannas a moron, mae'n anodd bod yn fanwl gywir. Beth bynnag am hynny, wrth i deyrnas y Rhufeiniaid ymledu tua'r gogledd fe ddaethon nhw â'r banasen efo nhw, a chanfod ei bod yn tyfu'n well yn y gogledd nac yn y de.

Erbyn y Canol Oesoedd roedd pannas wedi ennill eu plwyf yn reit dda, ac yn cael eu bwyta, yn enwedig adeg ympryd y Grawys, â physgod. Efallai fod y cysylltiad crefyddol yn cyfrif am yr enw Cymraeg, pannas. Dyna ydi o yn y Gernyweg, y Llydaweg a'r Ffrangeg (*panais*), sydd yn fy meddwl i yn creu cysylltiad â rhai o'r urddau mynachaidd, fel y Sistersiaid, ddaeth i Gymru yn y Canol Oesoedd ac oedd yn dal yma tan i Harri VIII ffraeo â'r Pab yn y 1530au.

Moron a phanas gwobrwyog, Primin Môn, 2017

Cyn y daeth tatws yn boblogaidd ddiwedd y 18fed ganrif, roedd pannas wedi dod yn llysiau gweddol bwysig am eu bod yn llawn carbohydrad ac yn llawer melysach a threuliadwy nag unrhyw gnwd gwraidd arall. Mae hynny'n codi cwestiwn difyr. Petai tatws erioed wedi cael eu darganfod a'u datblygu i fod yn un o'r eitemau pwysicaf ar ein bwydlen ni, beth fuasen ni'n ei dyfu a'i fwyta yn eu lle? Bara? Neu, o bosib, rhyw fath o basta, mae'n debyg, fel pobl de Ewrop. Ynteu a fuasen ni wedi datblygu rhyw gnwd gwraidd a fyddai'n addas i'w rostio neu ei ferwi? Wel, does 'na ddim ond un fuasai'n addas at y gwaith hwnnw – sef y pannas.

Petai hynny wedi digwydd buasai'r bridwyr planhigion erbyn hyn, decini, wedi datblygu pannas ddwywaith neu dair yn fwy o faint na'r rhai rydan ni'n eu cael efo'n cinio dydd Sul heddiw, efo llai o flas pannas arnyn nhw ac i'w bwyta fel tatws. Meddyliwch am gael tships pannas efo'ch 'sgodyn. Dwi wedi cael sglodion o'r fath, gyda llaw, ac maen nhw'n fendigedig!

8. Coffi   9 Chwefror 2008

Welsoch chi lun yn y *Daily Post* beth amser yn ôl o'r garddwr Medwyn Williams yn ei elfen – wel, mewn tŷ gwydr, sydd yr un peth – ac yn gwenu fel giât ynghanol dail a chnwd da iawn o aeron cochion? Aeron coffi oedd y rhain ac, yn ôl y sôn, mae o'n bwriadu tyfu coffi yn fasnachol, ac efallai agor caffi yn Llanfairpwll. Hei lwc iddo!

Mae hanes diddorol i goffi. Wyddoch chi ei fod o'n un o gynhyrchion masnachol pwysica'r byd – yn ail yn unig i betroliwm fel ffynhonnell refeniw rhyngwladol? Mae tua 25 miliwn o bobl drwy'r byd yn dibynnu ar dyfu a chynhyrchu'r cnwd am eu bywoliaeth. Wyddoch chi hefyd fod rhai pobl yn Japan yn gorwedd mewn bath mawr o goffi am eu bod yn meddwl fod hynny'n beth iachusol i'w wneud? Wn i ddim ydyn nhw'n yfed y coffi hwnnw wedyn ai peidio. Ac yng ngwlad Twrci mae pobl yn astudio'r gwaddodion yng ngwaelod y gwpan goffi'n ofalus er mwyn chwilio am batrymau sy'n rhagweld dyfodol a ffawd rhywun – yn union fel yr oedd darllen dail te yn boblogaidd yma ar un adeg ... cyn dyddiau bagiau te, wrth gwrs!

Mae'r defnydd o goffi fel rhywbeth i adfywhau pobl yn mynd yn ôl i fugail geifr yn nhalaith Kaffa yn ucheldir Ethiopia tua 1,500 o flynyddoedd yn ôl. Roedd y cyfaill hwn

Ffa coffi

wedi sylwi y byddai ei eifr yn prancio'n wyllt ('dawns y geifr' oedd ei enw ar hynny) ar ôl bwyta'r aeron cochion oedd yn tyfu ar lwyni arbennig yn yr ardal. Effaith y caffîn, sydd i'w gael yn yr aeron coffi, fyddai hynny. Beth bynnag, gwnaeth y bugail arbrawf anffurfiol drwy fwyta ychydig o'r aeron ei hun – a chanfod ei fod yntau yn bywiogi fel ei eifr! O ganlyniad daeth yn draddodiad ymysg brodorion yr ardal honno i wneud cacennau bach o aeron coffi a'u bwyta i atal blinder.

Yna, tua'r flwyddyn 1,000 OC cafodd masnachwyr Arabaidd afael arnyn nhw. Defnyddid hwy'n feddyginiaethol i ddechrau, ond yn fuan roeddent yn cael eu berwi i wneud y math o ddiod coffi yr ydym ni'n gyfarwydd ag o. Dros y canrifoedd, ymledodd y defnydd o goffi drwy'r byd Islamaidd nes, erbyn y Canol Oesoedd, roedd tai coffi i'w cael ymhobman. Yn y cartref, daeth cynnig cwpanaid o'r ddiod ddu yn arwydd pwysig o letygarwch. Roedd alcohol yn waharddedig, felly coffi amdani, yntê?

Yn 1600 y cyrhaeddodd coffi Ewrop gyntaf; i'r Eidal, lle cafodd ei fedyddio gan y Pab Vincent III. Cyn hynny ni chawsai'r ddiod Fwslemaidd hon fawr o groeso yn yr Ewrop Gristnogol ac roedd rhai am ei wahardd yn gyfan gwbl. Ond dyma'r Pab, yn ei ddoethineb ac er cyfiawnder, yn ei brofi gyntaf. Ei ddyfarniad oedd bod y ddiod yn rhy dda i'w gadael i'r anghristnogol yn unig.

O ganlyniad, buan iawn y lledaenodd tai coffi drwy Ewrop ac yna America, gan gyrraedd Prydain yn 1652. Fe elwid y tai coffi yn 'brifysgolion y geiniog' am y gellid, am bris paned o goffi oedd yn un geiniog, ddod i wybod am sgandals, gwneud busnes a dadlau am wleidyddiaeth ymysg pethau eraill. Roedd llywodraeth Lloegr yn amheus iawn o'r tai coffi newydd oherwydd yr holl drafod gwleidyddol peryglus ddigwyddai ynddynt. Bu sawl ymgais i'w cau – yn aflwyddiannus, diolch byth. Mewn tai coffi y dechreuodd rhai o'r banciau a'r tai yswiriant cynnar. Er enghraifft, yn y tŷ coffi a agorwyd gan Edward Lloyd yn Llundain yn 1668 y cychwynnodd Lloyds, un o gwmnïau yswiriant mwyaf adnabyddus y byd erbyn hyn.

Roedd tyfu coffi yn gyfrinach fawr tan 1690, pan lwyddodd masnachwyr o'r Iseldiroedd i smyglo planhigion o Arabia a dechrau eu tyfu yn Ceylon. Wedyn dyma'r Ffrancwyr yn dwyn planhigion oddi ar yr Iseldirwyr yn 1713 i'w tyfu yn y Caribî, a lladratodd y Portiwgeaid doriadau oddi ar y Ffrancwyr yn 1727, a arweiniodd at sefydlu diwydiant coffi anferth Brasil – sy'n dal i fod y mwyaf yn y byd hyd heddiw.

Yr Americanwyr ydi'r yfwyr coffi mwyaf – nhw sy'n cymryd bron i ddwy ran o dair o holl gynnyrch y byd. Cododd hynny o ganlyniad i ryfel annibyniaeth yr Americanwyr yn 1776 pan benderfynon nhw yfed coffi yn lle te fel protest wladgarol yn erbyn Lloegr, oedd yn ceisio eu gorfodi i yfed te drud o India oedd â threth drom arno. Helynt te parti Boston, pan daflodd yr Americanwyr de'r Saeson i'r môr, daniodd fflam yr ymgyrch am annibyniaeth.

Felly pob lwc i Medwyn a'i fenter goffi. Tybed oes 'na ddyfodol i hyn? Hefo'r byd yn cynhesu, efallai y gwelwn dyfu coffi yng Nghyffylliog erbyn diwedd y ganrif 'ma! Gyda llaw, os mai yn 1652 yr agorwyd y tai coffi cyntaf yn Lloegr, mae'n amlwg fod rhai Cymry yn gyfarwydd â'r ddiod ddu ymhell cyn hynny. Diolch i Cledwyn Fychan, Llanddeiniol, Ceredigion am ddod â'r englyn yma o waith yr Esgob Richard Davies i'm sylw, englyn gafodd ei ganu yn Eisteddfod Caerwys, 1569.

Rhowch odart a chwart i chwi – a chap
    A chwpan o goffi
   A phib wen wedi'i llenwi
   Ar fy medd yn arfau i mi.

Roedd yr Esgob yn gyfarwydd â choffi a baco felly, yn doedd?

9. Te   29 Mawrth 2008

Mae hanes difyr iawn i de, fel sydd i goffi. O ogledd India, Tibet a de Tsieina y daeth te (*Camellia sinensis*) yn wreiddiol, ac yn ôl chwedl o Tsieina, yr Ymerawdwr Shen Nong, tua 2,737 CC, a'i defnyddiodd o gyntaf. Yn ôl y stori, roedd Shen allan yn hela ac wedi berwi dŵr i'w yfed pan chwythodd y gwynt ddail o lwyn gerllaw i'r dŵr berwedig. Am fod arogl hyfryd yn codi o'r pot fe brofodd yr Ymerawdwr y ddiod a'i ganfod yn dda – a dyna sut y darganfuwyd te.

Daw stori arall o India am ŵr doeth o'r enw Bodhidharma (sylfaenydd Zen) yn y flwyddyn 519 OC yn ceisio cadw'n effro am gyn hired â phosib mewn myfyrdod am y Bwda. Ar ôl pum mlynedd heb gwsg roedd y gŵr doeth yn eithaf blinedig. Torrodd ei amrannau i ffwrdd fel na allai ei lygaid gau, a'u taflu ar lawr. Gwreiddiodd yr amrannau yn y fan honno, a thyfu'n ddau lwyn. Gwnaeth Bodhidharma ddiod o'r dail ac, o hynny ymlaen, roedd o'n medru cadw'n effro heb drafferth yn y byd. Te oedd y llwyni, ac mae'n ddifyr bod offeiriaid Bwdaidd yn yfed te i

Fferm de yn Queensland, Awstralia. Rhowch $2 yn y bocs a chymerwch baced

121

gadw'n effro yn ystod seremonïau hir, undonog hyd heddiw.

Yn raddol, ymledodd y defnydd o de i Japan a thrwy'r dwyrain canol, gan gyrraedd gorllewin Ewrop drwy fasnachwyr Portiwgeaidd yn yr 16eg ganrif. Daeth te yn ddiod boblogaidd ymysg aristocratiaid Lloegr wedi i'r brenin Siarl II briodi'r dywysoges Bortiwgeaidd Catherine de Braganza yn 1660. Daeth hi â'r arfer efo hi, a chynyddodd poblogrwydd te yn aruthrol. Erbyn canol y 18fed ganrif roedd pawb yn yfed te – y crach a'r werin fel ei gilydd.

Ond roedd te yn eithriadol o ddrud oherwydd treth drom ar ei fewnforio. Felly sut y daeth o mor boblogaidd? Wel, y gwirionedd yw bod tri chwarter y te a ddeuai i'r wlad hon yn cael ei smyglo i mewn yn anghyfreithlon, ac felly'n llawer iawn iawn rhatach.

Mae sawl stori ddifyr am y te cyntaf i gyrraedd cefn gwlad Cymru yn y cyfnod cynnar hwn. Dywedir i un porthmon ddod â the adref o Lundain a rhoi peth ohono i gyfaill o ffermwr o Aberdaron, gyda chyfarwyddyd i'w ferwi. Felly gwnaed hynny, a thywalltodd y ffermwr druan y sug brown ymaith a cheisio bwyta'r briwsion deiliach. Wrth gwrs, fe'i cafodd yn annymunol iawn! Mae stori arall am rywun oedd wedi rhwbio'r dail te dieithr ar y cig moch, gan feddwl mai ryw fath o sbeis oedd o.

Yn y 18fed ganrif dim ond dynion oedd yn cael yfed te yn nhai te Llundain, cyn i Thomas Twining ddarparu ystafelloedd ar wahân i'r merched i fwynhau paned a sgwrs. Ond roedden nhw'n dueddol, druan bach, o losgi'u bysedd ar y cwpanau Tsieineaidd gwreiddiol oedd heb glust na handlen arnyn nhw. Camodd Josiah Wedgewood i'r bwlch drwy ddyfeisio dolen i fynd ar y cwpanau i arbed bysedd y *ladies*. Chwarae teg iddo fo.

Byth ers hynny, te yw'n prif ddiod ni yn hytrach na

choffi, gan gyfrannu at bwysigrwydd y fasnach rhwng Prydain ac India – yn enwedig ar ôl sefydlu planhigfeydd mawr yn Ceylon ac Assam ganol y 18fed ganrif. Ydi, mae yfed te yn arfer cenedlaethol pwysig i ni, ac yn cyfri am 45% o'r cyfan 'dan ni'n yfed, ryw 6-8 cwpaned y dydd, yn ôl y sôn.

10. Gweiriau   13 Mehefin 2009

Mae'n dymor y cynhaeaf gwair. Wel, fe fuasai hi petai pobl yn dal i hel gwair, hynny yw. Onid yw'n rhyfeddod sut mae technoleg wedi chwyldroi amaethyddiaeth, a ffasiwn yn newid? Mae hyn cyn wired am gynaeafu gwair ag y mae o ym mhob maes arall, bron, yn sgil dyfodiad peiriannau a dulliau newydd o bob math. Bu'n dipyn o newid o'r bladur i'r byrnau mawr.

Dwi'n cofio 'Nhad a 'mrawd yn pladurio gweirglodd yn Hafod y Wern, Clynnog, yn y 1950au am fod y tir braidd yn rhy feddal i fynd â'r tractor a'r injan dorri gwair arno. Yr injan oedd yn torri'r caeau mwy, ond roedden ni'n dal i ddefnyddio'r gribin geffyl i hel y gwair yn rhenci a'i fydylu (neu ei hel yn bentyrrau) cyn i ni gael cribin dractor Vicon-Leley ddiwedd y '50au. Roedd honno cymaint haws – yn cribinio, rhencio neu chwalu yn ôl y galw.

Fe gefais stori ddifyr am y gribyn geffyl gan y diweddar Gareth Rees o Harlech. Roedd ei dad yn was yn Bryn Trefor, Talsarnau ddiwedd y 1920au, ac wrthi un diwrnod yn paratoi i gribinio cae. Roedd y ceffyl yn y llorpiau yn barod i gychwyn ond doedd y cribiniwr ddim yn ei sêt. A'r funud honno be ddaeth i fyny'r ffordd yr ochr arall i'r clawdd ond wagen y dyn glo â'i geffyl mawr, Herculees, yn ei thynnu. Roedd ceffyl Bryn Trefor yn casáu Herculees am ryw reswm ac fe gynhyrfodd yn ofnadwy a dechrau carlamu ar draws y cae yn syth am yr adwy efo'r gribin yn drybowndian tu cefn iddo. Ond adwy gul oedd hi a phan aeth ar ei ben drwyddi efo'r gribin lydan, bu andros o glec ac fe'i malodd hi'n racs!

Pan ddaeth y belar neu'r byrnwr bach i gymryd lle'r gwair rhydd, hwnnw oedd y brenin wedyn am y chwarter canrif nesa, tan 1985 i fod yn fanwl gywir. Roedd haf y flwyddyn honno mor eithriadol o wlyb fel y newidiodd pawb bron i silwair mewn byrnau plastig duon, a mathau eraill o fyrnau agored mawr crwn. Mae'r dulliau newydd yn dal efo ni hyd heddiw, wrth gwrs; yn gymaint mwy cyfleus a ddim hanner mor ddibynnol ar y tywydd â'r byrnau bach cynt.

Daw'r cyfeiriad cyntaf at wair rhygwellt yn cael ei hau fel cnwd yng ngwledydd Prydain gan Robert Plot yn 1677. Fo roddodd swydd yn Rhydychen i Edward Llwyd, y naturiaethwr. Daeth bri ar hau gwair ar diroedd da Lloegr a'r Alban wedi hynny wrth i amaethyddiaeth wella'n sylweddol drwy'r 18fed ganrif. Dywedodd y sylwebydd amaethyddol William Marshall yn 1789 fod porwyr y Cotswolds yn prynu bustych mawr Cymreig gan y porthmyn i'w pesgi ar *reygrass and clover leys*.

Gwelwyd hau gwair ar lawr gwlad Cymru hefyd wrth i'r byddigions ddilyn y ffasiwn. Yn 1790 cyflwynodd Cymdeithas er Gwella Amaethyddiaeth Ceredigion wobr i ffermwr o ardal Aberystwyth am gnwd o 161 bwshel o hadau rhygwellt. Drwy'r 19eg ganrif daeth meithrin gweiriau a meillion, ar gyfer pori a gwair, yn asgwrn cefn i amaethyddiaeth Cymru. Yn ddiweddarach, yn 1919, bu cam mawr arall ymlaen pan sefydlwyd Bridfa Blanhigion Cymru yn Aberystwyth dan ofal George Stapleton i ddatblygu gwell mathau o weiriau a meillion. 'Dwy ddeilen lle tyfai un o'r blaen' oedd ei arwyddair.

Erbyn y 1930au roedd llwyddiant y fenter yn amlwg, a gwelwyd lawnsio'r mathau 'S' o gnydau amaethyddol o bob

Pladurio yn Angorfa, Penrhyndeudraeth yn y 1930au

math, yn weiriau, ydau a meillion. Daeth yr S24 yn enwog ar gyfer porfa, a'r S23 ar gyfer cnwd gwair. Parhaodd y rhain i wella dros y blynyddoedd ac roeddynt yn dal mewn bri mawr drwy bob rhan o'r byd tan ddiwedd y 1970au. Bu cryn newid yn 1990 pan ailwampiwyd yr hen Fridfa Blanhigion i greu IGER (Sefydliad Ymchwil Tir Glas a'r Amgylchedd), a newid eto yn 2008 pan y'i hymgorfforwyd i'r Brifysgol. Pob lwc i'r sefydliad ymchwil a datblygu rhyfeddol hwn ym Mhlas Gogerddan, gan obeithio y caiff wasanaethu amaethyddiaeth a chefn gwlad am amser maith i ddod.

Pennod 5

Pryfed

1. Pryfed   **15 Gorffennaf 2006**

Mi fydda i o hyd yn cysylltu mis Gorffennaf â phryfed, oherwydd mai'r rhain, yn eu hamrywiol ffurfiau, yw un o nodweddion amlycaf byd natur yr adeg hon o'r flwyddyn. Hynny yw, mae'r adar wedi distewi bellach i geisio peidio tynnu sylw at y cywion sydd newydd adael y nythod. Mae bri blodau'r gwrychoedd hefyd yn raddol ddirwyn i ben, heblaw'r rhai canol haf, cyn sioe fawr y grug a'r eithin mynydd yn Awst. Tymor y pryfed yw mis Gorffennaf, yn sicr.

Ia, pryfed. Mae 'na ddigon o ddewis ohonyn nhw. Wyddoch chi fod dros 20,000 o wahanol rywogaethau o'r *insecta* yng ngwledydd Prydain (yn chwilod, gwyfynod, gwybed a sioncod gwair ac yn y blaen). Ceir 100,000 drwy Ewrop, a thrwy'r byd i gyd mae rhwng 1 a 3 miliwn. Amcan yw hynny, am nad oes neb yn gwybod yn iawn, ac mae miloedd o rywogaethau newydd yn cael eu darganfod a'u henwi bob blwyddyn yng nghoedwigoedd glaw'r trofannau.

Mae gan bobl deimladau cymysg iawn am bryfed – rhai yn eu cael yn ddifyr iawn ac eraill yn casáu popeth sy'n meddu ar fwy na phedair coes. Ond peidiwch â'u condemnio i gyd – mae 'na rai da a rhai drwg, jyst fel pobl! Dyma i chi bennill bach gan Ed Williams o 'Stiniog (Morlwyd), oedd yn dipyn o bry-garwr rhyw ganrif yn ôl:

> Na ladd 'run pryfyn is y nen,
> Na'r un sy'n nythu yn dy ben.
> Cofia mai creawdwr y rhain yw Duw:
> Mae'n deg i bob lleuen a phycsen gael byw!

Tynnu coes oedd o, dwi'n meddwl!

Beth bynnag, beth am edrych yn fanylach ar y gwybed bach plagus sy'n pigo gyda'r nosau'r dyddiau hyn, a'r pryfed, neu'r clêr, sy'n dod i'r tŷ.

Mae gwybed bach (neu biwiaid yn Nyffryn Conwy a sir Ddinbych, a chwiws ym Môn) yn sail i un o'n diarhebion mwyaf trawiadol ni, sy'n ymwneud â rhinwedd amyneddgarwch: 'yn araf bach a fesul tipyn mae stwffio bys i din gwybedyn'. Er bod tua 150 o wahanol fathau o wybed ym Mhrydain, dim ond nifer fechan sy'n pigo pobl – a dim ond y rhai banw, am eu bod angen boliaid o waed i gynhyrchu wyau. Neithdar o flodau yw bwyd y rhai gwryw. Y mwyaf cyffredin o'r rhai brathog yw *Culicoides obsoletus*, a thrueni na fyddai'r cythraul bach yn '*obsolete*' hefyd.

Mae gwybed yn arwyddion tywydd eithaf da am eu bod yn ymateb i leithder a thrymder yr awyr. Felly, fe gewch eich pigo'n waeth nag arfer pan ddaw'n haul ar ôl cawod, a hefyd ar

Math o bry llwyd enfawr, Tabanus sudeticus, Nebo 2016

dywydd terfysg. Os yw'r awyr yn sych, cewch fwy o lonydd.

A beth am y pry? Wel, pry ydyw i ni yn y gogledd, pryfyn yng Ngheredigion, cilionen ym Mhenfro a chleren yng ngweddill y de. Mae teulu'r pry yn anferth, ac iddo rai cannoedd o aelodau os gyfrwn ni'r pryfed tai, pryfed ffenest, pryfed hofran, pryfed gleision a'r hen bry llwyd, brathog, slei 'na!

Mae gwyddonwyr iechyd o'r farn mai teulu'r pry tŷ yw'r peryclaf ar wyneb y ddaear, am mai ar gelanedd a charthion mae'n bwydo a bridio. Ac wedi iddo fod yng nghaffi'r bin sbwriel, neu ar gorff rhywbeth, neu faw ci ar ochr y ffordd, fe ddaw'n syth i'r tŷ a glanio ar eich brechdanau chi – mae felly'n gyfrwng effeithiol iawn i ledaenu afiechydon. Germau, wrth gwrs, sy'n gyfrifol am afiechydon. Ond cyn i Louis Pasteur eu darganfod, roedd gan bobl esboniad arall am yr hyn oedd yn achosi afiechydon: melltith! Yn aml byddai'r felltith honno yn cael ei throsglwyddo gan yr hyn a elwid yn imp, oedd yn medru cymryd ffurf pry. Mae hanes am imp o'r fath yn Ninbych yn 1594. Yn ystod ffrae fawr rhwng dau deulu, y Mostyniaid a'r Hollandiaid, gyrrwyd rhywrai i godi trwbwl yn nhŷ Gwen ferch Elis, un o deulu'r Holland. Cawsant fynediad i'r tŷ gan Gwen, a jwgaid o gwrw. Ond pan welodd un o'r dynion fod pry yn y cwrw, gwaeddodd, 'ai hwn yw'r imp i'n melltithio?' a thaflu'r cwrw ar lawr! Yn naturiol, gwylltiodd Gwen a'u hel nhw i gyd allan. Bythefnos yn ddiweddarach, cafodd y taflwr cwrw ddamwain a thorri ei fraich. O ganlyniad dygwyd achos llys yn erbyn Gwen am achosi'r ddamwain drwy wrachyddiaeth – ac fe'i cafwyd yn euog, a'i chrogi. Dyna ichi ddial. Ydi, mae pry'n gallu bod yn beth peryg iawn.

2. Ieir bach yr haf   22 Gorffennaf 2006

Rwyf wedi sôn eisoes bod pryfed a gwybed yn gallu bod yn beryglus, yn frathog ac yn blwmin niwsans, felly teg yw i mi drafod rhai sy'n fwy dymunol, diniwed a derbyniol. Mae'n rhaid bod yn gytbwys onid oes?

Felly, beth am ddechrau efo ieir bach yr haf, neu loÿnnod byw. Mae 'eilir' yn hen enw arall arnyn nhw ac, wrth gwrs, 'pili-pala', sydd wedi dod yn enw poblogaidd iawn arnyn nhw yn yr ugain mlynedd diwethaf. Enw o Gwm Tawe oedd pili-pala yn wreiddiol, ond pan fabwysiadwyd yr enw ar raglen deledu i blant, a'i ymgorffori hefyd yn yr enw Pili Palas – y ganolfan ieir bach yr haf ym Môn – fe gydiodd yr enw! Erbyn hyn, pili-pala yw'r enw gan bawb, bron, sydd o dan tua 30 oed. Mae'n dangos grym y cyfryngau yn tydi?

Y peunog lliwgar, llygadog

Mae pawb yn hoff o ieir bach yr haf, am wn i. Wel, heblaw am ambell arddwr organig, sy ddim yn hoff o gwbl o'r rhai gwynion am fod eu lindys yn bwyta'i fresych o. Ond mae help i'r tyfwyr organig ar ffurf 'rheolaeth fiolegol' i gadw trefn ar lindys plagus. Daw hynny ar ffurf math o wenynen fechan sy'n

Iâr fach y glaw

parasiteiddio'r lindys ac yn eu difa nhw. Mae'n bosib prynu cyflenwad o'r pryfed parasitaidd hyn i wneud y gwaith, sy'n dipyn gwell na phlastro'r bresych â phry-leiddiaid gwenwynig sy'n lladd bob dim, y diniwed yn ogystal â'r bresych-fwytawyr. A Duw a ŵyr pa effaith gaiff y gwenwynau hyn ar y prif fresych-fwytawr – sef chi!

Mae amryw o ddywediadau am yr ieir bach. Pan welwch un yn y tŷ yn y gwanwyn, mae'n arwydd bod y tywydd yn cynhesu. Ac os mai un wen welwch chi gyntaf yn y tymor, bara gwyn fyddwch chi'n fwyta am weddill y flwyddyn – ond os mai un frown welwch chi, bara brown fydd hi am y 12 mis.

Mae gweld llawer o ieir bach gwyn yn arwydd tywydd teg, ac os welwch chi un fach frown tywyll, bron yn ddu, mae hi am fwrw. Enw hon, yn addas iawn, yw iâr fach y glaw (*ringlet* yn Saesneg), ac ar dywydd llaith, cymylog, rhwng cawodydd y gwelwch hi.

Mae coel mai tylwyth teg yw ieir bach yr haf, am eu bod mor lliwgar ac yn dawnsio ymysg y blodau. Coel arall yw mai eneidiau plant bach heb eu bedyddio ydyn nhw, ac felly'n methu mynd i'r nefoedd ac yn byw ymysg y blodau. Trist, yntê?

Yn yr un teulu â ieir bach yr haf (mae tua 60 o wahanol rai yng ngwledydd Prydain) mae'r gwyfynod. Mae peth wmbreth o'r rheiny – tua 2,500 o rywogaethau yn y wlad hon, 5,000 yn Ewrop a tua 150,000 drwy'r byd. Ychydig iawn o enwau oedd ar wyfynod tan yn ddiweddar. A'r rheswm pam, mae'n debyg, yw nad oedd defnydd iddyn nhw – a doedd pobl ddim yn trafferthu enwi pethau oedd dda i ddim!

Ceir enwau cyffredinol difyr iawn ar wyfynod, er enghraifft 'pry cannwyll', sy'n enw gweddol gyffredin ac yn disgrifio sut yr oedden nhw'n cael eu denu at fflam y gannwyll ers talwm, a chael eu llosgi yn y diwedd. Mae'r enw 'ffôl y gannwyll' yn cyfleu'r un ystyr yn rhai ardaloedd yn y de. Mae 'bwllwch' (neu 'bwllwchod') yn enw o Geredigion sy'n cyfeirio, o bosib, at yr adenydd llychlyd neu gennog. A 'cocorwrw' (neu 'cwcwrwrw') mewn rhannau o'r gogledd. Mae 'pry llythyr' yn enw yn Llŷn – mae llythyr ar ei ffordd atoch pan welwch wyfyn yn y tŷ, yn ôl y sôn.

Ychydig iawn fu erioed ag enwau penodol iddyn nhw.

Mae 'gwyfyn y benglog' yn un. Roedd pobl ofn yr un mawr hwn am fod siâp penglog ar ei war, oedd yn arwydd o farwolaeth. Wedyn mae'r gwyfyn dillad bach – ei lindys sy'n bwyta'ch siwmperi gwlân chi yn y cwpwrdd. Hen enw o'r Canol Oesoedd ar hwn yw 'meisgyn', ond efallai eich bod yn fwy cyfarwydd â 'pry dillad', 'pry cwpwrdd', 'iâr y gist' neu 'Siani fantell'. Mae rhai mathau o lindys yn cael eu galw'n 'Siani flewog' hefyd – pethau bach selog blewog, du neu frown. Cofiwch boeri'n ysgafn arno i gael lwc dda ac adrodd y rhigwm canlynol: 'Jini, Jini flewog, yn dod o flaen y gawod'.

Erbyn hyn mae Panel Enwau Cymdeithas Edward Llwyd wedi rhoi trefn ar enwau gwyfynod yn y Gymraeg, fel bod enwau fel 'gwalchwyfyn y taglys', 'cliradain Cymreig' neu 'deigr yr ardd' (rhiant y Siani flewog) yn dod mor hylaw a hawdd cael gafael arnyn nhw ag enwau'r adar. A hen bryd hefyd. Fe'u gwelwch ar wefan www.llennatur.com

3. Gwenyn   12 Awst 2006

Mae teulu'r gwenyn yn un go fawr, â degau o filoedd o wahanol fathau drwy'r byd a rhai cannoedd yng Nghymru. Rwyf am ganolbwyntio yma ar y mathau amlycaf.

Mae pawb yn gyfarwydd â'r gwenyn meirch (*wasp*), efo'u cyrff gweddol noeth a'u cylchoedd du a melyn. Rhybudd i chi adael llonydd iddyn nhw yw'r lliw, wrth gwrs. Ceir rhyw hanner dwsin o wahanol fathau o'r rhai sy'n nythu'n gymdeithasol. Maen nhw'n berffaith ddiniwed fel arfer – ond gwae chi os gwylltiwch chi nhw gan fod ganddyn nhw golyn a phigiad go hegar i amddiffyn eu hunain a'r nyth.

Mae'r cacwn (*bumble bee*) yn fawr, blewog ac araf – du a melyn ydyw fel arfer, ond cewch rai cefngoch a rhai duon tingoch hefyd. Cacwn yw'r enw yn siroedd y gogledd,

gogledd Ceredigion a Phenfro, 'picwnen fawr' yng Nghaerfyrddin, 'bili bomen' yng ngorllewin Morgannwg, 'bwmbi' a 'cachgi bwm' yn ne Ceredigion.

Bu'r wenynen, neu'r wenynen fêl, yn greadures ddefnyddiol ac uchel ei pharch gan bobl ers miloedd o flynyddoedd, a byddai gan bron bob tyddyn gychod gwenyn ar un adeg. Byddai gwenynwyr yn oes y Derwyddon yn ei meithrin am ei mêl melys, iachusol, ac yn gwneud diod alcoholaidd, sef medd, ohono. O'r gair 'medd' y daw'r gair 'meddwi', yntê?

Cofnododd Marie Trevelyan (*Folk-Lore & Folk-Stories of Wales*, 1909) goel Gymreig hyfryd iawn – bod gwenyn yn dod o baradwys, a Duw wedi eu gyrru i'r ddaear i sugno'r neithdar dwyfol o'r blodau i wneud mêl ac i wneud gwêr – ni ellir canu'r Offeren yn yr eglwys heb ganhwyllau gwêr, na ellir?

Sonia Myrddin Fardd (*Llên Gwerin Sir Gaernarfon,*

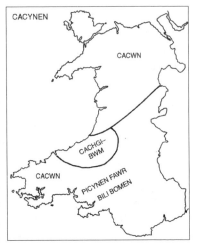

Dosbarthiad enwau'r gacynen yng Nghymru

Cacynen yn mela

1908) am y traddodiad o fynd ar fore'r Nadolig at gychod y gwenyn er mwyn eu clywed yn suo mawl i'r baban Iesu. Mae'n rhaid ei fod o wedi mynd un tro i wrando am y suo, ond heb glywed dim – a dyma ddywed, yn ei siom:

Gwenyn Cymreig o lawysgrif ganoloesol Peniarth 28 (Llyfrgell Genedlaethol Cymru)

... yr hyn na esgeulusid y bore hwn gan wenyn yr hen amseroedd ond tebygol fod gwenyn yr oes ffug-sancteiddiol hon, fel ei chrefyddwyr, yn llawer mwy difater yn nghylch y bore bythgofiadwy hwn.

Mae llawer o goelion lwc ac anlwc yn ymwneud â gwenyn. Cofiwch fod gwenyn, fel y criced a'r pry cop, yn dod â lwc dda a bendith i'r tŷ, felly peidiwch byth â'u lladd.

- Os bydd brenhines yn hedfan at blentyn sy'n cysgu, bydd y plentyn hwnnw'n anarferol o lwcus drwy'i fywyd.
- Mae'n lwcus os daw haid o wenyn dieithr at eich tŷ neu i'ch gardd. Peidiwch â'u gyrru i ffwrdd – byddai hynny'n anlwcus iawn!
- Os oes haid yn gadael eich tŷ neu'ch gardd, cewch anlwc.
- Mae cael cychaid o wenyn yn rhodd neu ei hetifeddu yn beth lwcus iawn.
- Wnaiff cychaid wedi ei brynu ddim ffynnu yn ôl y

sôn. Peidiwch â rhoi arian am yr haid, ond yn hytrach ei ffeirio am rywbeth, neu wneud ffafr amdani.

• Chaiff neb fêl o gychaid sydd wedi ei ddwyn.

Mae gwenyn yn ymateb i ymddygiad pobl hefyd:

• Dydyn nhw ddim yn hoffi ymddygiad drwg, rhegi, gŵr a gwraig yn ffraeo, ac maen nhw'n methu dioddef lladron.

• Mae'n bwysig siarad efo'r gwenyn yn y cwch a dweud (bron) bob dim wrthyn nhw, yn enwedig newyddion am briodas, genedigaeth neu angladd.

• Dylai meistr y tŷ sibrwd wrthynt pan fo angladd, neu bydd marwolaeth arall! Dylid hefyd roi briwsion cacen angladd/wylnos/briodas o flaen y cwch. Os â'r gwenyn â'r briwsion mewn a gwneud sŵn suo, mae hynny'n arwydd da.

• Pan fo'r meistr farw, dylai'r weddw dorri'r newydd i'r gwenyn a chnocio'r cwch dair gwaith – os ydynt yn suo fe arhosant, os arhosant yn ddistaw fe adawant. Byddai angen curo'n ddigon caled felly – ond ddim yn rhy galed chwaith, rhag eu gwylltio!

4. Pryfed Cop   10 Medi 2011

Onid yw'n beth rhyfedd sut mae merched, yn bennaf, yn casáu ac yn ofni pry copyn ('corryn' yn y de), tra bo eraill yn ei weld yn beth difyr dros ben. Wn i ddim sawl gwaith yr ydw i wedi cael fy ngalw i nôl rhyw gopyn druan o'r bath neu o stafell wely un o'r merched 'cw. Y copyn hirgoes sydd yn y stafell wely fel arfer – efo'i we flêr uwchben neu'r tu ôl i'r wardrob. Waeth heb i mi â dadlau ei fod yn dal pryfed ar ein rhan ac yn beth lwcus i'w gael yn y tŷ, 'Symuda fo, neu

Gwe gywrain rhwng dau lwyn

yn yr hŵfyr fydd o!' yw'r bygythiad arferol. Druan bach!

Mae'n hen gred bod lladd pry copyn yn anlwcus. Creda rhai y bydd hi'n bwrw glaw os wnewch chi hynny, ac yn yr Alban, credir y byddwch yn torri rhyw lestr yn y tŷ cyn diwedd y dydd ar ôl ei ladd. Ar y llaw arall, os bydd un yn rhedeg ar draws eich dillad, mae'n addewid y cewch ddillad newydd, neu arian, yn fuan.

Roedd gen i ac Ian Post, ffrind i mi yn ysgol Clynnog ers talwm, bry copyn dof – wel, yn ein tyb ni beth bynnag. Roedd ganddo fo dwnnel mawr o we mewn twll yn wal y Post ac yn fanno y byddai'n llechu, yn barod i neidio allan i ddal unrhyw bry fyddai'n ddigon anffodus neu wirion i lanio ar y llwyfan o we oedd o flaen y twll. Roedd hwn yn anferth o bry copyn mawr blewog, a ninnau'n cael hwyl yn ysgwyd y we'n ofalus efo blaen gwelltyn i efelychu pry wedi mynd yn sownd. Byddai'r hen gopyn yn rhuthro allan i chwilio am ei ginio, ond buan iawn y daeth i ddeall mai tric oedd y cyfan – a chymerai ddim sylw o welltyn wedyn. Weithiau, fe fyddem yn rhoi pry byw ar y we ac yn rhyfeddu pa mor ddeheuig yr oedd o yn lapio'i brae mewn pelen o we cyn mynd ati i'w sugno'n sych.

Ond yr hwyl mwyaf fyddai dal pry copyn arall a'i daflu ar y we, a rhoi proc iddo nes byddai'n dianc i lawr y twnnel at y llall. Wel dyna le fyddai wedyn! Y ddau'n rhedeg allan a chael andros o ffeit! Ein copyn ni enillai bob tro, hyd yn oed os byddai'r llall yn fwy nag o. Mae rhywun yn brwydro'n ffyrnicach i amddiffyn ei dir ei hun, yn tydi?

Ydych chi wedi clywed yr hen rigwm yma?

Fe welais Sian Elin,
Yn yfed llaeth enwyn,
Yn eistedd ar ymyl y bwrdd,
Ond fe ddaeth 'na bry copyn,
Ac yfed pob dropyn,
A rhedodd Sian Elin i ffwrdd!

Druan ohoni! Petai hi ddim wedi mynd i banig, efallai y buasai hi wedi cael addysg fuddiol yn gwylio gwir grefftwr wrth ei waith. Mae gwylio pry copyn yr ardd yn adeiladu gwe – tua llathen ar ei draws rhwng dau lwyn, yn cynnwys ugeiniau o lathenni o we mewn patrwm sbeiral, gyda hyd at 1,000 o gysylltiadau i ddal y cwbl at ei gilydd, a gorffen mewn llai nag awr – yn rhyfeddol.

A beth am yr englyn anhysbys hwn o'r 18fed ganrif a arferai fod yn rhan o

repertoire yr anfarwol Pontshân ar un adeg? Mae'n unigryw am ei fod yn llafariaid i gyd, heb yr un gytsain ar ei gyfyl.

O'i wiw wy i weu e' â, – a'i weau
O'i wyau e weua;
E' weua ei we aea,'
A'i weau yw ieuau iâ.

Mae sôn bod pryfed cop wedi achub bywydau'r baban Iesu, Mohammed a Fredrick Fawr, brenin Awstria. Mae'r tair stori'n eithaf tebyg. Yn achos yr Iesu, roedd Joseff a Mair a'r plentyn bach wedi cuddio mewn ogof rhag milwyr Herod, ac am fod pry copyn wedi adeiladu gwe ar draws ceg yr ogof, pasiodd y milwyr gan feddwl nad oedd neb yno. A beth am stori Robert the Bruce o'r Alban? Roedd Robert, tua'r flwyddyn 1306 tra oedd yn brwydro am annibyniaeth i'r Alban, wedi gorfod ffoi o grafangau'r Saeson ac wedi llochesu mewn ogof. Yno, bu'n gwylio pry copyn yn ceisio dringo i fyny edefyn hir o we. Ceisio a methu, ceisio a methu, ac yna, ar y seithfed cynnig, yn llwyddo. Roedd hynny'n ysbrydoliaeth i Robert i beidio digalonni ar ôl methu'r tro cyntaf, felly dyfal donc amdani. Yn y diwedd, llwyddodd i uno'i gyd-Albanwyr, trechu'r Saeson a rhyddhau'r Alban!

5. Crachod lludw   20 Hydref 2012

Trychfilyn bach cyffredin a hawdd i'w adnabod sy'n llechu o dan gerrig yn yr ardd, o dan risgl coed pydredig ac mewn corneli tywyll, llaith mewn hen adeiladau yw'r grachen ludw (yn y gogledd) neu fochyn coed (yn y de). Mae bron i 50 o wahanol rywogaethau o grachod lludw yng ngwledydd Prydain, er mai ddim ond rhyw hanner dwsin ddaw i erddi neu hen adeiladau. Os oes rhai yn gyffredin yn unrhyw ran o'ch tŷ chi, gallant fod yn arwydd o damprwydd – galwch ar adeiladwr i gymryd golwg, jyst rhag ofn.

Mae sawl enw ar y creaduriaid bach yma. Flynyddoedd yn ôl bellach, yn Eisteddfod Llambed 1984, mi rois i lun un ohonyn nhw ar wal stondin Cymdeithas Edward Llwyd a holi pawb oedd yn galw heibio beth oedd eu henw arni. Cefais dros 150 o atebion, yn cynnwys tua 15 o wahanol enwau, rhai ohonyn nhw'n gyfyngedig i ardaloedd arbennig. Ar draws y gogledd uwchlaw afon Dyfi, 'gwrachen ludw', 'crachen ludw' a 'phry lludw' oedd fwyaf cyffredin, ond 'pry twca' ym Môn. Roedd ambell amrywiad, megis 'brechen ludw' yng Nghlwyd, 'gwrach lwyd' yng Nghaergybi, 'gwrachen goed' gan un o Gaernarfon a 'pry tamprwydd' yn Bethesda. Ond i'r de o afon Dyfi, 'mochyn coed' oedd yr enw gan bron pawb heblaw am ambell 'wa'dden goed' yng Ngheredigion, 'twrchyn coed' yn ne Caerfyrddin ac un bach gwahanol, sef 'grani' yn Nhredegar.

Crachen ludw yn y gogledd, mochyn coed yn y de

Rwy'n siŵr mai enw wedi ei fewnforio o'r tu draw i'r ffin oedd y 'grani', oherwydd ceir amryw o enwau yn ne Lloegr yn cyfeirio at y grachen ludw fel nain neu daid, e.e. *granfer pig* neu *grammer zow*. Cyfeiriad sydd yma at y mochyn bach lleiaf yn y dorllwyth – y crinc neu din y nyth, neu gardotwyn yn Gymraeg – am fod hwnnw yn aml iawn, druan bach, yn debyg i ryw nain neu daid bach, yn fychan ac yn grebachlyd. Mae'r elfen 'mochyn' yn yr enwau arno a geir mewn sawl gwlad arall hefyd – yn yr Alban, yr Almaen, yr Eidal a'r Swistir.

Efo'r holl enwau gwahanol 'ma, mae'n hawdd iawn gwneud camgymeriad. Digwyddodd hynny ar Radio Cymru ym mis Rhagfyr 2008. Roedd cyflwynwraig o'r de yn holi gwraig o'r gogledd ynglŷn â sut i wneud addurniadau at y Nadolig. Soniodd y wraig o'r gogledd sut y byddai'n hel y moch coed oedd i'w cael o dan goed pin (yn y gogledd, yr enw ar y ffrwythau coediog sy'n dal hadau coed pin ydi 'moch coed'), eu chwistrellu â phaent aur neu arian, a'u rhoi mewn basged yn y tŷ. Ond doedd y ferch o'r de ddim wedi deall hynny, a'i sylw hi oedd, 'Ach a fi! 'Sen i byth yn cyffwrdd mewn moch coed, heb sôn am ddod â nhw i'r tŷ!'

Mae cysylltiad arall rhwng y creadur bach a'r mochyn. Bwyd y grachen ludw/mochyn coed yw dail a phren pydredig. Ond am nad yw'n treulio'r pren yn effeithiol iawn mae wedi datblygu ffordd arall o gael maeth. Hynny yw, ar ôl cnoi a llyncu'r pren pydredig, daw allan y pen arall heb gael ei dreulio ryw lawer. Mae'r baw hanner treuliedig hwn yn ddeniadol iawn i facteria, ffyngau a mân-greaduriaid eraill. Wedi i'r rheiny wneud eu gwaith daw'r grachen ludw yn ei hol a bwyta'i baw ei hun, gan dderbyn maeth ychwanegol o'r holl facteria a mân-greaduriaid. Pawb at y peth y bo, decini.

Ceir un math o grachen ludw sy'n rowlio'n belen fach.

Hon yw'r grachen gron, neu *pill millipede* yn Saesneg. Mewn coedlan y gwelwch chi hon, ac ar un adeg roedd yn cael ei llyncu fel pilsen ar gyfer anhwylderau fel y sgroffiwla a diffyg

traul. Byddai pobl yn eu gwerthu mewn bocsys gyda'r cyfarwyddyd i ysgwyd y bocs cyn ei agor o ... i wneud yn siŵr eu bod nhw wedi cyrlio'n grwn, yntê? Yna, byddai'n rhaid agor y bocs a llyncu rhyw hanner dwsin o'r peli bach cyn iddyn nhw agor a cherdded i ffwrdd, a rhoi'r caead yn ôl ar y bocs yn eithaf sydyn.

6. Lledwigod y tai   8 ac 15 Mawrth 2009

Ydych chi wedi meddwl faint o lojars sydd yn y tŷ 'cw? Nid y rhai sy'n talu rhent, ond eich cyd-letywyr answyddogol chi ... yr holl drychfilod neu ledwigod bach sy'n llechu yn y to, y waliau, y tu ôl i'r cypyrddau neu yn y garej.

Un o'r rhain yw'r pry arian. Peth bach fflat efo cen ariannaidd drosto ydyw, yn weddol grwn ar ei flaen ac yn meinhau at ei gynffon – yn debyg iawn i bysgodyn heb gynffon, a dyna pam y'i gelwir yn *silver fish* yn Saesneg. Gall hwn fod yn fymryn o niwsans os oes llawer ohonyn nhw, oherwydd maent yn bwyta papur, cotwm, llin a hyd yn oed cen pen – y dandryff sy'n disgyn i'r lawr o'ch pen chi.

Mae gan y pry arian bach seremoni garu ddiddorol iawn. Pan mae'r gwryw a'r fenyw yn cyfarfod, maent yn wynebu'i gilydd â'u teimlyddion yn cyffwrdd, ac yn crynu'n gyffrous, cyn bagio i ffwrdd a dod yn eu holau nifer o weithiau. Yn sydyn, mae'r gwryw yn rhedeg i ffwrdd a'r fenyw yn rhedeg ar ei ôl ac yn ei ddal o – a dim ond bryd hynny mae'r ddau yn cyplysu.

Llefydd tywyll, ychydig yn damp yw cynefin y pry arian, sy'n golygu bod rhaid iddo fod yn ofalus am mai dyma hefyd gynefin sawl creadur arall, fel y pry clustiog a'r neidr gantroed, fydd yn ei hela o.

Does dim gwirionedd o gwbwl yn yr honiad bod y pry clustiog, os aiff i mewn i'ch clust, yn medru nythu yn eich pen a thynnu'ch brêns chi allan i wneud lle iddo fo'i hun. Mae sawl defnydd i'r efail fawr ar ei gynffon, ond ei phrif ddefnydd yw i'r gwryw fedru gafael yn dynn am y fenyw wrth gyplysu.

Tybed sut cododd y fath goel? Mae'r cysylltiad â'r glust yn gyffredin ar draws Ewrop, ac mae ei enwau yn y rhan fwyaf o ieithoedd y cyfandir yn ei gysylltu â'r rhan honno o'r corff. Yr esboniad, mae'n debyg, oedd na fyddai'n anghyffredin yn nyddiau toeau gwellt ar dai, a phan fyddai tipyn mwy o fylchau dan ddrysau neu o gwmpas ffenestri, i gael yr ymwelydd bach hwn yn crwydro'r tŷ yn y nos, ac weithiau'n busnesu yng nghlustiau pobl pan oeddent yn cysgu. Ond mae o'n reit ddiniwed – chwilio am brae llawer llai na bod dynol mae o.

Rwy'n cofio i mi a'm cefnder Ted, pan oedden ni ryw naw neu ddeg oed, yn mynd i wersylla dros nos mewn pabell yn y tŷ gwair. Popeth yn iawn – roedd gennym fwyd, lemonêd a fflachlamp – tan i Ted, tua hanner nos, ganfod pry clustiog yn y babell! Wel, dyna'i diwedd hi! Yn ôl i'r tŷ fu'n rhaid mynd, a Nhad yn chwerthin am ein pennau.

Creadur bach arall difyr ddaw i'r tŷ weithiau yw'r neidr gantroed, neu gantroedyn. Heliwr arall yw hwn, yn dal a bwyta pob mathau o bryfed eraill a hyd yn oed eu plant nhw'u hunain. Ydyn, maent yn ganibaliaid!

Petaech chi'n dechrau cyfri'u traed nhw gan ddisgwyl

gweld cant, fe gaech eich siomi gan mai dim ond rhyw bymtheg pâr sydd gan y rhai cyffredin. A phan fydd y rhai bach yn deor o'r wyau, dim ond chwe phâr sydd ganddyn nhw – byddant yn tyfu pâr neu ddau o draed newydd bob tro y byddant yn bwrw'u crwyn nes cyrraedd y set gyfan o bymtheg pâr.

Pry arian

Mae gan rai mathau, serch hynny, fwy na phymtheg pâr o draed. Ceir hyd at 37 pâr gan y rhai hir brown golau sy'n byw yn y pridd, tra bod gan rai mathau yn ne Ewrop fwy na 50, sydd dros gant o draed. Y rheiny roddodd yr enw *centipede* neu 'gantroedyn' i ni. Fyddai'r neidr filtroed, neu filtroedyn, chwaith byth yn cyrraedd safon y 'traed

Pry clustiog

Neidr gantroed

description' – dim rhai'r wlad yma, beth bynnag. Dim ond ryw 200 o draed sydd ganddyn nhw.

Ond pam cymaint o draed? Wel, gall aml-droededd fod yn fanteisiol iawn yn eu cynefin priddog arferol nhw. Rho'r holl draed rym eithriadol i'r creadur i wthio'i ffordd drwy bridd neu gompost. Daliwch un yn dynn yn eich dwrn ac fe synnwch at ei nerth yn gwthio'i ffordd allan rhwng eich bysedd!

Cyn gorffen, mae'n rhaid i mi gael rhannu fy jôc (wael) am y neidr gantroed. Be sy'n mynd 99-clonc, 99-clonc? Neidr gantroed efo coes bren, siŵr iawn!

7. Gwenyn meirch   29 Awst 2009

Maen nhw'n dweud mai at ddiwedd yr haf a'r hydref yw'r amser peryclaf o ran derbyn pigiad gan wenyn meirch, cyn i'r tywydd oeri a'r barrug eu difa nhw. Ond cyn mynd gam ymhellach, byddai'n talu inni ddeall ein gilydd. *Wasps* ydyn nhw yn Saesneg. 'Gwenyn meirch' ym Môn, Arfon, gogledd Meirionnydd, gogledd Ceredigion a gogledd Penfro; 'cacwn' ydyn nhw yng Nghlwyd a Morgannwg; 'cacwn', a 'cacwn geifr' yn ne Meirionnydd; 'piffci' yn ne Ceredigion; 'picwn' yn Sir Gaerfyrddin a 'picacwnen' yn ardal Llanelli.

Mae 'na ryw saith math o wenyn meirch yng ngwledydd Prydain, sy'n cynnwys rhai, fel y wenynen feirch neu bicwnen gyffredin, sy'n nythu mewn tyllau yn y ddaear. Gwyliwch y rhai hyn wrth strimio'r gwair ar glawdd pridd! Un arall gyffredin yw picwnen y coed, sy'n arfer nythu mewn coeden wag ond sy'n ddigon hapus, fel y bydd rhai o'r gwenyn meirch eraill hefyd, i godi nyth mewn garej neu shed. Nyth rhyfeddol o gywrain ydi o hefyd, a'r gweithwyr yn ychwanegu ato drwy'r tymor fel mae'r nythfa'n tyfu.

Y frenhines sy'n cychwyn ar y gwaith yn y gwanwyn. Efallai eich bod wedi gweld un tua dechrau Mai – gwenynen feirch go fawr yn crafu postyn neu bren marw yn

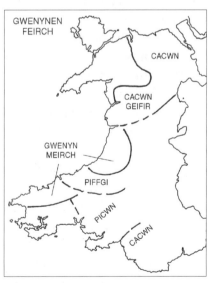

Dosbarthiad enwau'r wenynen feirch yng Nghymru

rhywle. Crafu a chasglu llwch y pren mae hi, er mwyn ei gymysgu gyda'i phoer i wneud defnydd i adeiladu'r nyth. Math o bapur llwyd ei liw, neu *papier maché* ydi hwn mewn gwirionedd. Mae'r frenhines yn creu pelen fechan wag, ychydig llai na phelen golff, a thu mewn i hon mae'n codi llwyfan bach hefo rhyw ddwsin o gelloedd oddi tano. Bydd yn dodwy wy ym mhob cell i fagu'r gweithwyr cyntaf. Pan fydd y rhain yn hedfan, nhw fydd yn cymryd y gwaith o ehangu'r nyth a hel bwyd i'r cynrhon bach. Erbyn diwedd yr haf gall y nyth fod cymaint â phêl-droed ac yn gartref i ryw 2,000 o wenyn meirch, ac yn edrych yn debyg i wallt Bet Lynch ar *Coronation Street* ers talwm. Yn 2009, daeth gŵr o Southampton ar draws nyth gwenyn meirch yn ei atig oedd tua chwe throedfedd ar draws. Byddai'r nyth hwnnw wedi cynnwys tua hanner miliwn ohonyn nhw!

Brenhines gwenynen feirch gyffredin

Welwch chi ddim cymaint ohonyn nhw dros yr haf am eu bod yn brysur iawn yn hela. Yn wahanol i wenyn mêl a'r cacynod mawr blewog, fydd y gwenyn meirch ddim yn casglu neithdar a phaill, ond yn dal pryfed a lindys o bob math i fwydo'u cynrhon. Yn wobr, byddant yn derbyn sug melys gan eu cynrhon, ac ar y sug hwnnw maen nhw'n byw.

Petaen nhw'n cadw at ddal pryfed a lindys plagus byddai popeth yn iawn, a byddent yn gwneud ffafr fawr â'r garddwr. Ond tua diwedd yr haf, mae'r frenhines yn peidio â dodwy, sy'n golygu na fydd mwy o gynrhon i fwydo'r gweithwyr. Dyna pryd y byddan nhw'n newid eu patrwm bwydo. O hynny ymlaen byddant yn crwydro i hel neithdar o flodau fel y gwenyn eraill, ac yn dod ar ôl eich brechdanau jam neu'ch caniau diod chi – unrhyw le lle cân' nhw siwgr. Gallant fod yn niwsans ac, yn enwedig os dechreuwch chi chwifio'ch breichiau o gwmpas a'u taro nhw, yn beryg hefyd! Gadewch lonydd iddyn nhw ac mi adawan nhw lonydd i chi. *Spheksophobia* yw'r enw ar yr ofn afresymol o wenyn meirch, gyda llaw, cofiwch hwnna at y cwis tafarn nesa.

Aiff rhai gwenyn meirch yn fwy blin na'i gilydd, yn enwedig yn yr hydref, gan y bydd afalau ac eirin erbyn hynny wedi cwympo oddi ar y coed ffrwythau. Mae'r ffrwythau'n llawn siwgr – ond yn fwy na hynny, bydd peth o'r siwgr yn eplesu'n naturiol i greu alcohol, sy'n cael effaith mawr ar y gwenyn. Ac yn union fel rhai pobl, mae gwenyn meirch meddw yn medru bod yn eithaf byr eu tymer ac yn ymosodol – yn enwedig os gwnewch chi chwifio'ch breichiau'n wirion atyn nhw!

Mae ffigyrau gan gwmnïau yswiriant a'r Awdurdodau Iechyd yn dangos cynnydd mawr yn nifer yr ymosodiadau gan wenyn meirch yr adeg yma o'r flwyddyn, a bod cynnydd wedi digwydd dros y blynyddoedd diwethaf. Bydd nifer fechan o bobl hyd yn oed yn cael eu lladd gan adwaith alergaidd i'r pigiadau. Gofal piau hi felly.

8. Morgrug   2 Gorffennaf 2011

Ym misoedd Gorffennaf ac Awst gallwn ddisgwyl gweld y sioe ryfeddol honno o forgrug asgellog yn codi o'u twmpathau i hedfan ar eu dawns garwriaethol. Mae'r olygfa yn un o ryfeddodau byd natur, a dim ond dan amodau penodol iawn y bydd yn digwydd – ar bnawn tawel a phoeth pan fydd lleithder yr awyr yn weddol uchel, a chyn storm o fellt a tharanau yn aml.

Mae sawl math o forgrug: morgrug coch mewn gerddi a chloddiau pridd, morgrug duon yn nythu dan balmant yr ardd ac yn dod i'r tŷ i ddwyn siwgr, morgrug melyn neu forgrug y maes yn creu twmpathau mewn hen borfeydd, a morgrug y coed, sy'n fwy o faint.

Yn sicr, mae trefn dorfol y nythfa, â'i chyfundrefn gydweithredol a threfnus, yn rhoi mantais aruthrol i'r morgrug i reoli ag ecsploetio'u cynefin ac i amddiffyn eu hunain a'u nyth rhag gelynion. Go brin y llwyddai un morgrugyn i wneud llawer, ond gall cant drwy gydweithio godi twmpath o bridd, a miliwn godi mynydd.

Am fod morgrug yn gweithio mor drefnus, diwyd a diflino, maent wedi ennyn edmygedd pobl ar draws y byd, yn cynnwys pob unben ar hyd y canrifoedd fyddai'n dymuno ufudd-dod llwyr y bobl, a phob rheolwr ffatri Fictorianaidd ddymunai lafur diflino ei weithwyr! Mae eu patrwm o weithgarwch cynhyrchiol yn un y gallwn ni ei efelychu. Yn Llyfr y Diarhebion yn y Beibl ceir yr adnod, 'Cerdda at y morgrugyn, tydi ddiogyn; edrych ar ei ffyrdd ef, a bydd ddoeth.' Esgorodd y ddelwedd hon ar sawl dameg forgrugaidd yn Chwedlau Æsop. Er enghraifft, stori'r

Morgrug gwyrdd yn Awstralia, 2014. Maent bron yn dryloyw ag arlliw o wyrdd.

Y morgrug yn casglu'r had llin ar ran Culhwch
(Llun: Margaret Jones, yn Culhwch ac Olwen, *1988)*

morgrugyn a'r ceiliog rhedyn, sy'n cyferbynnu'r ceiliog rhedyn fu'n gwastraffu ei amser yn canu drwy'r haf â'r morgrugyn gweithgar fu'n hel storfa o fwyd at y gaeaf.

Mae gan forgrug le anrhydeddus yn y chwedlau Cymreig hefyd. Yn stori Culhwch ac Olwen, un o'r tasgau amhosib roddodd Ysbaddaden Bencawr i Culhwch, i ennill llaw Olwen mewn priodas, oedd adfer naw llond llestr o had llin oedd wedi eu hau mewn cae. Ond pan achubodd Gwythyr, cyfaill Culhwch, dwmpath morgrug rhag cael ei losgi gan dân, fe gasglodd y morgrug diolchgar yr hadau i gyd o'r pridd ar ei ran. Roedd Gwythyr a Culhwch yn falch iawn pan gyrhaeddodd y morgrugyn bach olaf, un cloff, yn cario'r hedyn olaf un.

Ar draws y byd mae tua 14,000 o wahanol fathau o forgrug, ac mae'r mwyafrif llethol ohonyn nhw'n hollol ddiniwed i bobl, ac weithiau'n fendithiol i ni. Ond gall ambell un fod yn niwsans, hyd yn oed yma yng Nghymru – yn enwedig os ydyn nhw'n nythu yn yr ardd neu o dan y tŷ. Ond o ddifrif, beth ydi hynny o'i gymharu â rhai morgrug mewn gwledydd poeth sy'n medru bod yn beryg bywyd o dan rai amgylchiadau?

Meddyliwch am y morgrug crwydrol yn Affrica a de America sy'n symud yn barhaus yn golofnau trefnus trwchus, ac yn bwyta pob dim sy'n methu symud o'u

147

ffordd. Dyna pam eu bod yn gorfod crwydro'n barhaol – am na fuasai byth ddigon o fwyd mewn un lle i nythfa mor fawr, yn cynnwys rhwng dwy ac ugain miliwn o forgrug unigol. Felly, wedi iddyn nhw glirio pob dim o un llecyn does dim dewis ond symud ymlaen i rywle arall. Mae straeon erchyll amdanyn nhw mewn nofelau a ffilmiau arswyd yn dal a darnio pobol, gan adael dim byd ond tomen o esgyrn! Efallai fod ychydig o ddychymyg ar waith yn fan'na, oherwydd tydyn nhw ddim yn symud mor gyflym â hynny. A petaech chi'n gweld colofn yn dod amdanoch, syniad da fyddai symud o'u llwybr!

Ond, mae 'na achosion o bobl yn methu symud, a wiw i chi adael eich gafr ar dennyn neu fochyn neu iâr mewn cwt pan fydd y rhain o gwmpas. Mae sôn hyd yn oed am rai o Indiaid yr Amazon yn clymu dyn gwyn yn sownd i'r llawr. Wedi i'r morgrug gyrraedd a mynd, doedd dim ond ei esgyrn a'i ddillad ar ôl!

Yn Affrica mae'r morgrug crwydrol yn cael eu cyfri'n llesol am eu bod yn clirio pob mathau o bryfed a lindys plagus o'r cnydau. Petaen nhw'n dod i'r tŷ byddai pobl yn symud allan am awr neu ddwy, gan eu gadael i ddal pob llygoden, neidr a phry copyn sy'n llechu yn y waliau a'r to. Gwasanaeth difa pla gwych, yn rhad ac am ddim.

9. Robin sbonc a chricets   8 Medi 2012

Enw pobl Môn ar sboncyn gwair, sioncyn gwair neu geiliog rhedyn yw 'Robin sbonc', sy'n enw gwreiddiol a disgrifiadol iawn. Fe glywch chi'r enw hefyd gan rai pobl ym Môn i ddisgrifio ryw lanast: 'mae hi'n gachu Robin sbonc yma!' Enw da o'r de amdano yw 'Jac y jwmper' ac mae 'na sawl enw arall: 'ceiliog gwair', 'Sioni gwair', 'sboncyn rhedyn' a 'pry rhedyn'.

Fe sylwch fod y rhan fwyaf o'r enwau uchod yn cyfeirio

at duedd y pryfyn hwn i sboncio i ddiogelwch os ewch yn rhy agos ato, ac mae'r elfen 'ceiliog' yn rhai o'r enwau yn cyfeirio at ei gân. Mae ail bennill y gân werin adnabyddus 'Moliannwn' yn ein hatgoffa o'i ddoniau cerddorol: 'Daw'r robin goch yn llon i diwnio ar y fron a cheiliog y rhedyn i ganu.'

Mewn gwirionedd, ychydig iawn o bryfed yng ngwledydd Ewrop sy'n gwneud sŵn i gysylltu â'i gilydd. Un amlwg iawn glywch chi pan fyddwch ar wyliau yn ne Ewrop ydi'r cicada ac, wrth gwrs, y gwahanol fathau o sboncod gwair a'r chricedau sy'n perthyn yn agos iawn iddyn nhw. Mae rhyw 30 o wahanol rywogaethau yng ngwledydd Prydain, a thros 15,000 drwy'r byd.

Cricedyn – cyfaill bach yr aelwyd mewn dyddiau a fu

Maent yn gwneud y sŵn drwy rwbio un rhan o'r corff yn gyflym yn erbyn y llall – y goes ôl fawr yn erbyn yr adain yn achos y sboncod gwair, a'r ddwy adain yn erbyn ei gilydd yn achos y cricedau. Gall y caneuon amrywio'n fawr o un rhywogaeth i'r llall, o drydar parhaus i gyfresi o drydariadau byrion o wahanol hyd. Rhai yn weddol ddistaw, rhai yn soniarus a rhai mor uchel nes eu bod bron â'ch byddaru!

I arbenigwr mae seiniau'r pryfed hyn mor adnabyddus a nodweddiadol â chaneuon gwahanol adar. Mae fel gwrando ar bobl y radio – pob un â'i lais a'i arddull ei hun, ac rydych chi'n llawer iawn tebycach o'u clywed na'u gweld nhw. Ydych chi wedi ceisio dilyn y sŵn i geisio cael golwg ar griced neu sboncyn gwair? Tydi hynny ddim yn hawdd

Stori y sboncyn gwair a'r dylluan, Chwedlau Æsop

o gwbwl am fod eu cuddliw mor effeithiol, ac mae ganddyn nhw duedd, sy'n niwsans glân, i dewi os ewch yn rhy agos!

Pan o'n i'n hogyn bach, tân agored mewn grât fawr ddu hen ffasiwn oedd ganddon ni adref, hefo tegell mawr haearn wedi ei flacledio i ferwi dŵr, popty, a ffendar sgleiniog i atal y cols cochion rhag rowlio o'r tân ar y mat. Yn y craciau rhwng y popty a'r wal, ac yn y simdde, roedd teulu o gricets yn byw. 'Crics' yw'r enw arnyn nhw yn y de (un yn 'gricsyn') ac mae 'pry tân' yn enw arall arno mewn rhai rhannau o'r gogledd. Roedd ganddyn nhw, fel yn sawl ffermdy arall ym mro Clynnog, eu lle anrhydeddus ar yr aelwyd a byddai eu trydar yn cychwyn yr un amser bob gyda'r nos (tua 5.30 os cofia i'n iawn), mor gyson nes y gallech chi osod y cloc efo'r sŵn, bron iawn.

Petawn i'n llwyddo i ddal cricedyn, oedd yn waith anodd iawn, iawn, byddwn yn cael fy rhybuddio i ollwng y peth bach yn rhydd wedyn am ei bod yn anlwcus iawn lladd cyfaill bach yr aelwyd. Roedd yn goel gyffredin fod cael cricedau yn canu ar yr aelwyd yn arwydd ei bod yn aelwyd heddychlon a bodlon, a phetaent yn gadael yn ddiachos mi fyddai rhywun yn siŵr o farw. Lle da i'w gweld fyddai yn y becws lleol mewn sawl tref neu bentref, a byddai trydar llawen y pryfed bach yn argoel y ceid bara da. Cewch goelion tebyg ar draws y byd – ym Mrasil tra pery'r cricets i ganu fe ddaw pres i'r tŷ, felly peidiwch â'u difa nhw, ac yn y dwyrain pell a gwledydd de Ewrop mae'n gyffredin i gadw criced mewn cawell i ganu ac i ddod â lwc dda.

Mae sboncod gwair a chricedau'n arwyddion tywydd effeithiol hefyd:

- Os bydd llawer o sioncod gwair yn canu mae'n heulog ac yn boeth (Arfon)
- Mae trydar criced yn cynyddu cyn glaw. Cawn hynny yn y dywediad o Geredigion: 'cricsyn yn canu, glaw yn dynesu'.

Os ydych am glywed cân y criced y dyddiau yma, ewch i'r domen byd agosaf. Mae digon o fwyd yn y fan honno i gricedyn llwglyd, ac mae gwres y gwastraff yn pydru yn ei gadw'n gynnes dros oriau'r nos a thrwy'r gaeaf.

10. Cocrotshen 16 Chwefror 2013

Cocorotshan, cocorotshan,
Cocorotshan yn tŷ ni;
Cocorotshan, cocorotshan,
Codi'i chwt a ffwr' â hi

Rhyw gân fel'na ro'n i'n ei chanu i'r plant pan oedden ni ar ein gwyliau ym Mhortiwgal, os deuwn ar draws y cyfryw bryfedyn – yn cuddio yn un o gypyrddau'r gegin neu mewn lle tywyll ger y bin sbwriel fel arfer. Wel, am hwyl wedyn yn ceisio'i dal hi! Mae'r gocrotshen yn gallu sgrialu yn andros o gyflym a gwthio i graciau cyfyng iawn allan o'ch cyrraedd chi.

Y tric, i'w dal hi, yw cythru'n sydyn iddi a gafael yn un o'i chyrn hir hi, neu yn un o'r coesau. Wedyn, gallwch ei chodi i gael golwg fanwl arni, ac unwaith y bydd hi wedi peidio â gwingo, gallwch werthfawrogi cymaint o gampwaith bensaernïol bryfydegol ydi hi.

Druan o'r gocrotshen – mae'n debyg ei bod ymysg y mwyaf amhoblogaidd o holl hil enfawr yr aml-droediaid. A does ryfedd chwaith, am ei bod hi'n bwyta dillad, yn ddrewllyd ac (am ei bod hi'n bwyta bwyd pydredig) yn medru lledu afiechydon. Mae hi hefyd yn medru dychryn pobl os dôn nhw ar draws haid ohonyn nhw yn gwau drwy'i gilydd a sgrialu i

Cocrotshen ym Mhortiwgal

bob man pan rowch chi'r golau 'mlaen ganol nos mewn cegin neu fecws go fudr. Mae'r ddelwedd ffantasïol o filoedd o chwilod yn llifo'n gyflym dros bawb a phopeth yn ffefryn mewn ffilmiau arswyd.

Drwy lwc, prin iawn yw ceginau budron yng Nghymru erbyn hyn, ond hyd at ryw drigain mlynedd yn ôl roedd tai ac ambell fecws yn llawer mwy cocrotshen-gyfeillgar, a doedd gweld heidiau ohonyn nhw ddim yn anghyffredin o gwbl. Ond, diolch i bowdwr Keating's ac yna DDT, y gwenwyn erchyll hwnnw – a'r arfer sy'n gyffredin erbyn

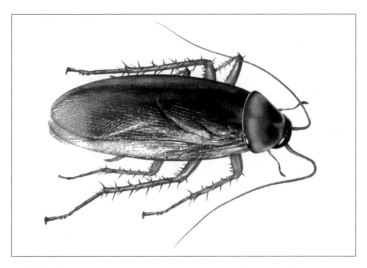

Cocrotshen, un o'r mwyaf amhoblogaidd o'r holl bryfed,
druan bach

hyn o gadw bwydydd mewn tuniau, mewn bocsys plastig
neu yn yr oergell – cilio wnaeth y gocrotshen. Bu'r hŵfer a'i
debyg hefyd yn help mawr i waredu'r wyau a'r rhai bach, a
fu'r bin sbwriel mawr plastig ar olwynion fawr o help iddi
chwaith, druan. Ia, glendid yw gelyn gwaetha'r gocrotshen.

Credid ar un adeg i'r gocrotshen gyrraedd gwledydd
Prydain gyntaf o'r Caribî, yn howld llong drysor Sbaenaidd
oedd wedi cael ei môr-ladrata gan Francis Drake, ond go
brin mai dyna'r gwir am fod cymaint o draffig morwrol
wedi tyfu erbyn hynny beth bynnag. Mae sawl math o
gocrotsiaid sy'n hoffi rhannu'n tai ni, ac er bod y rhai
mwyaf cyffredin wedi cael eu henwi yn gocrotsiaid
Americanaidd neu Awstralaidd neu Almaenig, o Affrica ac
Asia maen nhw i gyd wedi dod yn wreiddiol.

Ond tydi pawb ddim yn casáu cocrotsiaid. Yn Awstralia
mae 'na gocrotshis mawr, dros dair modfedd o hyd, yn byw
yng nghoedwigoedd Queensland ac maen nhw'n
boblogaidd iawn fel creaduriaid anwes. Maen nhw'n lân a

hawdd a rhad i'w cadw, yn enwedig mewn *apartments* dinesig lle na chewch chi gadw cŵn neu gathod. Ond er hynny, i osgoi'r rhagfarn yn erbyn cocrotsiaid y tai, mae'r rhai anwes wedi cael eu hail-fedyddio yn *litter bugs* neu *rain beetles* gan y siopau sy'n eu gwerthu nhw.

Y dydd ar ôl Gŵyl Santes Dwynwen bydd yr Awstraliaid gwynion yn dathlu eu dydd cenedlaethol (Dydd Awstralia, 26 Ionawr), ac fel rhan o'r miri hwnnw, cynhelir ras gocrotsiaid go enwog yn Brisbane bob blwyddyn – pencampwriaeth y byd, dim llai. Bydd llond bwced o gocrotsiaid, a phob un wedi eu rhifo, yn cael eu gollwng i drac rasio crwn pwrpasol sydd â waliau digon uchel i atal y pryfed rhag dianc. Bydd cryn hwyl, cyffro, betio a gweiddi ymysg y gynulleidfa. Yn sicr, mae'n un o uchafbwyntiau calendr rasio'r wlad ac yn cael sylw mawr yn y wasg a'r cyfryngau.

Pennod 6

Amrywiol Bethau

1. Rhigymau   **6 Hydref 2007**

Faint ohonoch sy'n gyfarwydd â'r rhigwm malwodaidd
hwn glywais i yn ardal Nefyn flynyddoedd yn ôl, tybed?

> Malwan, malwan, bedwar corn,
> Tyn dy bedwar corn allan,
> Neu fe dafla'i di i fôr coch Pwllheli

Plentyn fyddai'n dweud hyn – tra byddai fel arfer yn
gorwedd ar ei hyd ar lawr, wyneb yn wyneb â malwen
gragen, a cheid hwyl yn cyffwrdd y llygad ar flaen y corn i
weld y falwen yn ei thynnu i mewn i'r pen. Yna, byddai'r
corn yn ail-ymestyn yn araf i ddangos y llygad unwaith eto.
Cefais fersiwn arall gan Mair Davies, Llangefni:

> Malwan, malwan, estyn dy bedwar corn allan,
> Ne mi dafla'i di i Pwllheli,
> At y neidr goch i foddi.

Ac yn *Llyfr Hwiangerddi y Dref Wen*, olygwyd gan John
Gilbert Evans (1981) ceir dwy fersiwn ychwanegol:

1. Falwen gorn, falwen gorn,
   Estyn di dy bedwar corn,
   Neu mi dafla'i di i'r môr heli,
   Yn yr eigion bach i foddi.

2. Mol, mol, agor dy gorn,
   Onid e fe d' ladda'i di'r funud hon.

   ['mol' yn dalfyriad o 'malwoden'].

Mae rhigymau tebyg am falwod o lefydd eraill hefyd. Beth am hon o Gernyw?

Bul'orn, Bul'orn, put out your horn,
your father and mother is dead;
Your brother and sister is to the back-door,
A begging of barley bread!

Ac o'r Alban:

Snailie, snailie, shoot out your horn,
And tell us if it will be a bonnie day the morn.

Mae 'na lawer iawn o rigymau bach tebyg, a llawer ohonyn nhw'n ymwneud â chreaduriaid bychain fel malwod a chwilod ac ati – pethau na allant ddianc o'ch ffordd yn gyflym iawn ac yn gyfleus, felly, i blant allu chwarae efo nhw.

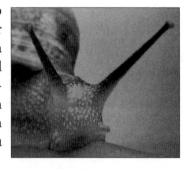

Malwen a'i phedwar corn

Un o'r rhai mwyaf adnabyddus yw hwnnw am y fuwch goch gwta. Pan welwch chi un, rhowch hi ar flaen eich bys a'i dal at i fyny. Os lledith y chwilen fach ei hadenydd a hedfan i ffwrdd, bydd yn dywydd braf. Ond os gwrthodith hi, bydd yn siŵr o fwrw glaw.

Buwch goch gwta,
P'un ai glaw ai hindda?
Os mai glaw – cwymp i'r baw,
Os mai braf – hedfana.

A beth am y lindys bach blewog hwnnw:

Jini, jini flewog,
Dŵad o flaen y gawod.

Wedi adrodd y rhigwm, dylech boeri ar y siani flewog fach
(jini flewog yn y de) i gael lwc dda, ac os na wnewch chi
hynny, bydd yn siŵr o fwrw glaw yn fuan iawn. I mi, y
lindys bach du blewog hwnnw sy'n symud mor fywiog a
selog yw'r siani flewog, er bod llawer o bobl yn galw
unrhyw lindys blewog yn siani neu jini flewog mewn
gwirionedd. Lindys un o'r gwyfynod teigr (*tiger moths*)
ydi'r siani fach fel arfer, yn enwedig y teigr cochddu (*ruby
tiger*), sy'n hollol ddu!

Daw chwilen ddu â lwc dda hefyd, os gwnewch chi
boeri arni. A pheidiwch â sathru ar un, neu fe fydd hi'n
bwrw glaw! Dyna pam fod 'chwilen y glaw' yn un enw ar
chwilen ddu, mae'n debyg. Byddai plant ym Morgannwg yn
dweud, wrth weld chwilen ddu, a chyn poeri arni:

Blac-patan, blac-patan,
Ble buost ti ddo',
Dan y ddaear yn torri glo.

Y Ffeiriad du

Mae un math o chwilen ddu –
un fawr, gron, ddu â'r enwau
'Ffeiriad du', 'chwilen waed' a
'chwilen bwmp' yn Gymraeg
arni (gelwir hi yn *bloody nose
beetle* yn Saesneg) – sydd, os
gwnewch chi ei tharo'n ysgafn
ar ei chefn, yn gollwng hylif
coch tebyg i waed o'i phen blaen. Stwff chwerw ydi hwn
sydd i fod i wneud yn siŵr ei bod yn cael llonydd gan
adar. Ond byddai'n gêm gan y plant i'w tharo i dynnu'r

'gwaed' yma ohoni, ac yn Sir Gaerfyrddin adroddid fel hyn:

> Whilen Bwmp, poera dy wa'd,
> Ne mi ladda' i dy fam a dy dad.

Neu:

> Ffeir'ad du, poera dy wa'd,
> Ta fe'th damshgela' i di dan dra'd.

Mae'r holl ddywediadau a'r rhigymau bach hyn yn ddifyr, ac yn dangos, o bosib, fod plant yr oes a fu yn llawer iawn agosach at fyd natur na phlant heddiw.

2. Lliwiau a Thywydd Hydref   20 Hydref 2007

Mae'r dail wedi dechrau troi eu lliw o ddifrif bellach, ac roedd y coed yn hardd iawn yn Nyffryn Conwy ganol yr wythnos hon, yn enwedig pan ddaeth llygedyn bach o haul am funud neu ddau i oleuo'r coch, melyn a brown bendigedig ar y llethrau. Mae hen gwpled sy'n cyfeirio at hynny, ac yn disgrifio rhai o nodweddion eraill yr hydref yn ogystal:

> Hydref, hydraedd hyddod,
> Melyn blaen bedw, gweddw hafod.

Mae 'hydraedd hyddod' yn golygu brefiadau'r ceirw gwylltion yn y tymor erlid. Yn ôl Geiriadur y Brifysgol, mae hyd yn oed enw'r mis yma, Hydref, yn tarddu o 'hydd-fref'. Mae'n siŵr gen i y byddai'n rhaid i chi fynd i'r Alban, neu i Ynys Ddewi yn Sir Benfro, y dyddiau hyn i glywed brefu o'r fath ar ei orau. Wedi dweud hynny, gallwch glywed seiniau tymhorol digon dramatig yn Eryri hefyd – pan mae'r bychod geifr gwylltion yn cystadlu yn erbyn ei gilydd ar y creigiau, fe fyddan nhw'n codi'n uchel ar eu traed ôl a bwrw 'mlaen gan glecian eu cyrn fel pistolau! Bydd y sŵn yn atseinio drwy'r cwm. Bendigedig!

Mae 'melyn blaen bedw' yn gyfeiriad at y dail yn troi eu lliw, wrth gwrs, a 'gweddw hafod' yn ein hatgoffa y bydd hi'n amser, ddiwedd y mis, i ddod â'r anifeiliaid i lawr o'r mynydd i dir cysgodol yr hendref dros y gaeaf.

Mae dail y coed castan eisoes wedi cochi, a chrino hyd yn oed, ym Maentwrog erbyn hyn, a dail y coed ffawydd, yr ynn a'r bedw bellach wedi melynu. Erbyn hyn hefyd mae'r coed derw'n troi – ond, wrth gwrs, i gael arddangosfa werth chweil mae angen tywydd teg, hynny yw, digon o haul, nosweithiau oer a chlir, a dim gwynt, neu caiff y cwbl ei chwythu i ffwrdd cyn i ni sylwi bron, gan adael dim ond brigau moelion.

Y rheswm dros gwymp y dail, fel y gwyddoch, yw i'r goeden allu osgoi barrug y gaeaf. Mae unrhyw flaguryn

Mae melyn a choch llachar y mieri ymysg y mwyaf lliwgar o ddail yr hydref

sy'n dal i dyfu, neu ddeilen sy'n dal i weithio, yn agored iawn i gael ei difa gan rew ar ôl mis Hydref gan y bydd y dŵr yn eu celloedd yn rhewi, chwyddo a chwalu.

Ond sut felly mae rhai coed, megis y conwydd, yn gallu cadw'u dail? Wel, fel mae hi'n oeri, mae'r conwydd yn mynd ati i droi'r siwgr sydd yn eu nodd yn ryw fath o *antifreeze*. Hwn ydi'r ystor, neu'r resin, sydd yn y boncyff a'r dail. Dyna pam y gall coed conwydd dyfu yn llawer pellach i'r gogledd ac yn llawer uwch yn y mynyddoedd na choed collddail. Mae o'n addasiad da hefyd ar gyfer y tymor tyfu byr yn y llefydd rheiny – does dim digon o amser i dyfu set newydd gyfan o ddail ar gyfer yr ychydig wythnosau o haf maen nhw'n ei gael yn Sgandinafia neu yn uchel ym mynyddoedd yr Alpau.

Bydd planhigion llai yn osgoi'r gaeaf yn gyfan gwbl yn hytrach na'i ddioddef, drwy farw'n ôl a byw drwy'r gaeaf fel hadyn, gwreiddyn neu fwlb – yn llochesu'n glyd a chynnes yn y pridd. Rewodd neb erioed ym mol ei fam, naddo?

Mae amryw o arwyddion tywydd yn ymwneud â'r hydref. Un o'r rhain yw 'hydref hir a glas, blwyddyn newydd oerllyd gas'. Fersiwn arall yw 'hydref gwlyb, gaeaf caled'. Byrdwn y ddau yw'r syniad bod siawns i'r tywydd sychu yn nes ymlaen yn y gaeaf os yw hi'n wlyb yn yr hydref, sy'n golygu y cawn dywydd oer a rhewllyd yn y flwyddyn newydd.

Ar y llaw arall, dywedir bod tywydd oer ac eira cyn diwedd mis Hydref yn argoel na chawn fwy o eira am weddill y gaeaf. Yn ei le, bydd tywydd tyner hyd at ddechrau'r flwyddyn, a dim byd ond cymylau, glaw oerllyd a mwd! Mewn geiriau eraill, bydd eira cynnar yn erthylu'r gaeaf. Mae amseru'r eira cynnar hwn yn amrywio o ardal i ardal: eira ar Eryri cyn Ffair Borth (24 Hydref), cyn Ffair Llanllechid (29 Hydref) a chyn Calan Gaeaf (noson ola'r mis), oll mewn ardaloedd gwahanol ym Môn ac Arfon.

Weithiau, gall y coelion hyn fod yn wir. Hynny yw, ar ddechrau ambell flwyddyn bydd llif awyr gorllewinol tyner a llaith yn llwyddo i drechu'r pwysedd uchel cyfandirol fydd yn dod ag oerfel o'r dwyrain yn ei sgil.

3. Mudo   27 Hydref 2007

Rydw i wedi sôn eisoes am sut mae planhigion yn cau i lawr dros y gaeaf i osgoi'r peryg o farrug – mae anifeiliaid, adar a phryfetach yn gallu dygymod â'r oerfel hefyd, ond mewn ffyrdd ychydig yn wahanol. Maen nhw yn dipyn mwy symudol na phlanhigion (a rhai, wrth gwrs, yn dipyn mwy symudol na'i gilydd). Hynny yw, mae deryn yn medru symud ychydig pellach na phry genwair, sy'n golygu y gall strategaethau'r ddau fod yn dra gwahanol i'w gilydd.

Mewn gwirionedd, mae sawl ffordd i oroesi'r gaeaf. Un ydi tyfu côt aeaf dew o flew, ac os oes digon o fwyd a gwâl gynnes i lochesu ynddi, fe fydd yr anifail yn iawn. Dyna mae llwynog, mochyn daear, sgwarnog neu ffwlbart yn ei wneud. Ateb arall yw mynd i gysgu am gyfnodau hir neu fyr – fel y gwna'r wiwer, y pathew, y llyffant, y draenog a'r ystlum.

A'r trydydd dewis (ac un da ydi o hefyd) ydi codi pac a'i heglu hi am y gwledydd poeth, neu symud i ryw gynefin cymhwysach. Mudo fel hyn wna llawer o adar – ac, yn ddifyr iawn, nifer gynyddol o bobl hefyd. Daeth yn ffasiwn ymysg rhai sydd wedi ymddeol ac yn medru fforddio hynny, i symud i Sbaen neu rywle cyffelyb dros y gaeaf.

Mae stori'r adar yn hen gyfarwydd i ni. Bydd gwenoliaid yn mudo yr holl ffordd i ddeheudir Affrica (i'r Transvaal a'r Orange Free State mae gwenoliaid Cymru'n mynd, gyda llaw). Yno bydd llawer o bobl wynion de Affrica yn eu croesawu'n frwd pan gyrhaeddan nhw ddiwedd y flwyddyn, am eu bod yn eu hatgoffa o'u gwreiddiau yn

Môr-wennol bigddu efo llymrïen yn ei phig,
Cemlyn, gogledd Môn, 2010 (Llun: Huw Dafydd)

Ewrop. 'Sgwn i oes cerdd am wenoliaid yn iaith y Boer yn cyfateb i 'Nico annwyl ei di drosta' i ...'?

Y stori ryfeddaf, heb os, ydi ymfudiad rhai o'r môr-wenoliaid sy'n nythu ymhell yn y gogledd ac yn mynd i aeafu'n bell i'r de. Mae môr-wennol y gogledd yn comiwtio rhwng yr Arctig a'r Antarctig – taith o dros 20,000 o filltiroedd y flwyddyn. Byddant yn cael mwy o haul nag unrhyw greadur byw arall gan y bydd rhai ohonyn nhw'n mwynhau 24 awr o olau dydd yn anterth yr haf gogleddol ac yna'n mudo i gael 24 awr o oleuni yn anterth y gaeaf deheuol. Am y gallant fyw hyd at ryw 30 mlynedd, mae'n bosib i un o'r adar hyn hedfan dri chwarter miliwn o filltiroedd mewn oes.

Mae rhai adar bychan iawn yn mudo'n bell hefyd, e.e. adar y si – yr adar lleia'n y byd – sy'n mudo rhwng Califfornia a Colombia bob blwyddyn. A beth am y dryw eurben bach hwnnw ddaliwyd mewn rhwyd ar Enlli un hydref, flynyddoedd yn ôl, oedd wedi ei fodrwyo 18 diwrnod ynghynt ger Riga yn Latfia? Yn fwy hynod fyth, dim ond rhyw bum gram oedd y peth bach yn ei bwyso! I'r deryn bach hwnnw, Cymru neu Iwerddon oedd y 'man gwyn man draw' iddo dreulio'r gaeaf. Nid man gwyn dan eira, yn naturiol, ond noddfa. I'r elyrch gwylltion, hwyaid, rhydyddion bach, adar duon a socod eira, mae Cymru'n nefoedd o ystyried bod eu cynefinoedd hafaidd yn Sgandinafia neu Wlad yr Iâ wedi rhewi'n gorn dros y gaeaf.

Nid adar yn unig sy'n mudo. Mae creaduriaid môr, fel morfilod, crwbanod môr, penwaig, mecryll a sliwod ac ati yn teithio pellteroedd maith wrth ymateb i newidiadau tymhorol yn eu cynefinoedd neu yn eu cyflenwadau bwyd, ond o hyd yn dychwelyd i ryw lecyn arbennig ar gyfer bridio. Mae hyd yn oed rhai mathau o ieir bach yr haf a gwyfynod yn mudo, a sawl math – fel y fantell goch, y fantell dramor a'r gwyfyn fforch arian – yn cyrraedd yn y gwanwyn o dde Ewrop a gogledd Affrica. Bob mis Medi byddaf yn gweld cannoedd ar gannoedd o'r fantell goch yn ymfudo dros y Rhinogydd tua'r dwyrain. Duw a ŵyr pa mor bell yr ân nhw – does neb wedi gwneud yr ymchwil hwnnw eto.

Ond does dim rhaid ymfudo'n bell chwaith, ddim bob tro. Efallai mai dim ond o'r coed cyfagos y daeth y titw tomos sydd ar y bwrdd adar yn yr ardd; dim ond o'r caeau i'r tŷ y daeth y llygod maes rydach chi'n eu darganfod yn y tŷ'r dyddiau yma. A'r pryfaid genwair yn yr ardd? Wel, mae'r rheiny'n mudo hefyd – ddim ond ryw droedfedd yn ddyfnach i'r pridd efallai, ond mae hynny yn dal yn ymfudiad, yn tydi?

4. Gaeafgysgu   3 Tachwedd 2007

Wel, fe fydd yn Dachwedd y pumed, a noson Guto Ffowc, nos Lun pan fydd coelcerthi'n cael eu cynnau ar hyd a lled y wlad i goffau'r hen Gut, druan bach, a geisiodd, yn aflwyddiannus, ar y dyddiad yma yn 1605, roi bom dan

Senedd Lloegr. Mae rhai yn dweud mai ef oedd yr unig un erioed aeth i mewn i'r lle hwnnw efo bwriad cymeradwy! Ond beth bynnag am yr hanes, cofiwch, cyn tanio'r goelcerth, gymryd golwg go fanwl ynddi yn gyntaf, rhag ofn fod draenog bach, yn ddiarwybod i chi, wedi ymgartrefu ynddi.

Mae syniad y draenog o fynd i gysgu dros y gaeaf yn un digon synhwyrol, ond mae'n gamp cael lle call a saff. All o ddim mudo fel deryn, ac oherwydd ei bod bron yn amhosib cael gafael ar ei brif fwyd o – pryfed genwair, malwod ac ati – dros y gaeaf, pam ddim cysgu, yntê? Mantais arall yw y gall y draenog, a llawer o greaduriaid eraill sy'n cysgu'r gaeaf, osgoi sylw helwyr. Bydd y mochyn daear yn effro dros y gaeaf, ond yn sicr ni chaiff ddraenog i swper dros y cyfnod hwnnw.

Mae sawl math a graddfa o gysgu'r gaeaf. Y dull symlaf, efallai, yw cysgu am gyfnodau hirach nag arfer bob dydd. A pham lai – mae treulio cymaint o amser â phosib mewn gwâl gynnes, yn byw ar ei floneg, yn ffordd dda i anifail arbed egni. O fewn rheswm, hynny yw. Mae'n bosib mynd â'r peth i eithafion. Er enghraifft, mae un math o wiwer ddaear yn Alaska sy'n gaeafgysgu'n solet am 9 mis o'r flwyddyn – ond bydd yn gythreulig o fywiog am y tri mis arall, fel y gallwch ddychmygu! Yng Nghymru mae sawl math o ystlum yn cysgu am hyd at chwe mis dros y gaeaf, ac am y chwe mis arall yn cysgu drwy'r dydd a dim ond yn deffro am ryw ddwy neu dair awr y dydd. Hynny yw, maent yn deffro i fynd i hela pryfed am ryw awr go lew gyda'r nos, wedyn yn cysgu tan y bore a mynd i hela eto am ryw awr gyda'r wawr. Golyga hynny mai dim ond am ryw 8% o'u bywydau y maen nhw'n effro. A dydy'r pathew ddim llawer ar eu holau nhw chwaith – yn effro ond am ryw 15 – 20% o'i amser drwy'r flwyddyn.

Creaduriaid gwaed cynnes sy'n gaeafgysgu go iawn.

Gan eu bod nhw, tra maen nhw'n effro, yn gorfod gweithio o fewn terfynau cyfyng iawn o ran gwres y corff, byddai newid o ychydig raddau selsiws yn uwch neu'n is na'r normal yn angheuol. Mor hawdd yw hi i ostyngiad yng ngwres y corff arwain at hypothermia a marwolaeth. Golyga hyn fod angen addasiad corfforol go arbennig i greadur bach fel ystlum ostwng ei wres ar gyfer gaeafgysgu, o 40°C i 4°C, gan lwyddo i fyw felly am fisoedd – er y bydd o'n deffro bob hyn a hyn i wneud ei fusnes!

Bydd angen cryn baratoi corfforol ar gyfer gaeafgysgu, gan ymateb i arwyddion amgylcheddol pendant. Felly, fel mae'r dyddiau'n byrhau at ddiwedd yr haf a'r nosweithiau'n dechrau oeri, bydd y gaeafgysgwr yn mynd ati i fwyta llawer mwy nag arfer a chronni saim brown yn y corff, a fydd yn cynhyrchu gwres yn hytrach nag egni dros y gaeaf. Bydd lefelau potasiwm yn y gwaed yn cynyddu'n sylweddol, ynghyd â chemegau sy'n gweithio fel *anti-freeze* naturiol, fel y gall y corff weithio ar dymheredd llawer is nag arfer.

' Yn ddiog fel pathew'

Yna, pan mae'r tymheredd yn cyrraedd isafbwynt penodol, aiff y creadur un ai i wâl neu guddfan saff a sych sydd â digon o ddail crin ynddo, fel yn achos y draenog, y pathew a'r wiwer; neu, fel yn achos ystlumod, i ben draw ogof neu do rhyw adeilad lle bydd y tymheredd yn aros yn weddol gyson, ond isel (rhyw 1 – 10°C) drwy'r gaeaf. Yno, aiff i drwmgwsg, a bydd gwres y corff yn gostwng i ychydig raddau uwchben y rhewbwynt. Arafa curiad y galon o 1,000 curiad y funud (pan fydd yn hedfan) i 25 curiad y funud, a'i anadl i un waith bob ychydig funudau.

Mae'n siŵr gen i fod y gaeaf yn pasio'n gyflym iawn i'r gaeafgysgwyr bach yma, ond fuaswn i ddim yn ffansïo gwneud yr un fath â nhw. Buaswn yn colli mins peis y Dolig, miri'r Calan ... ac yn waeth na dim, colli misoedd ar fisoedd o *Galwad Cynnar*!

5. Gaeafgysgu (2)   10 Tachwedd 2007

Gan fy mod wedi sôn am anifeiliaid yn gaeafgysgu, tydi hi ddim ond yn deg i mi drafod sut mae creaduriaid eraill yn gaeafgysgu hefyd – creaduriaid megis llyffantod, pryfed ac adar.

Na, tydi pob aderyn sydd angen osgoi gaeaf caled (neu sychder di-bryfed yr haf mewn rhai rhannau o'r byd) ddim yn mudo, er mai dyna mae'r mwyafrif yn ei wneud. Mae un yn wahanol, ac fe sonia i am hwnnw yn y munud.

Roedd coel yn yr Oesoedd Canol y byddai adar yn cysgu dros y gaeaf, un ai mewn ogofâu neu yn y mwd ar waelod llynnoedd. Mewn llythyr at Thomas Pennant yn Awst 1767, soniodd Gilbert White, y naturiaethwr enwog o Selbourne, ei fod wedi clywed am ddarn mawr o glogwyn sialc oedd wedi cwympo ar un o draethau Sussex ar ôl storm yn gynnar un gwanwyn, a bod cyrff gwenoliaid ymysg y rwbel. Roedd White yn gyfarwydd â'r hen goel, ond doedd o ddim yn barod i gadarnhau a oedd o'n ei chredu ai peidio.

Yn raddol drwy'r 19eg ganrif, daethpwyd i ddeall bod adar yn ymfudo bellteroedd maith i osgoi tymhorau anffafriol, ac o'r 1920au ymlaen, cafwyd prawf pendant o hynny yn sgil modrwyo adar. Mae'r ymchwil hwnnw'n dal i ddigwydd, a chawn straeon am deithiau rhyfeddol rhai adar yn y wasg o bryd i'w gilydd, neu yn bwnc trafod ar *Galwad Cynnar.*

Daeth fel dipyn o syrpréis, felly, pan ddarganfuwyd yn 1946, yng Nghaliffornia, bod aderyn bach o deulu'r wiparwîl (sy'n perthyn i'r troellwr mawr yn y wlad yma) yn stwffio i graciau mewn clogwyni ac yn mynd i gysgu am tua thri mis dros y gaeaf yn hytrach na mudo i le cynhesach. Mae ymchwil ers hynny wedi dangos bod gwres corff y wiparwîl bach yma'n gostwng i tua 6°C, a bod graddfa curiad ei galon a'i anadlu yn cwympo i oddeutu ugeinfed rhan o'r hyn a welir pan mae o'n fywiog ac effro yn yr haf. Dyma'r unig enghraifft y gwyddom amdani o aeafgysgu ym myd yr adar – ond mae'n cyd-fynd yn union â'r hyn a welir yn achos draenog, pathew neu ystlum.

Tydi creaduriaid gwaed oer ddim yn gaeafgysgu yn yr un ffordd â rhai gwaed cynnes am fod eu dull o reoli gwres eu cyrff yn wahanol. Hynny yw, tra bod tymheredd corfforol creaduriaid gwaed cynnes yn gorfod aros o fewn ryw chydig °C i'r hyn sy'n arferol i fedru gweithio'n effeithiol, mae gwres – a bywiogrwydd – y rhai gwaed oer yn codi neu ostwng efo'r tymheredd. Y cynhesa'n y byd yr aiff hi, y mwyaf bywiog fyddan nhw. Wrth iddi oeri fe fyddan nhw'n arafu, a dyna pam fod angen i greaduriaid gwaed oer dorheulo yn y bore i gronni digon o egni'r haul cyn y medran nhw wneud rhyw lawer.

Ond cyn iddyn nhw arafu gormod, fe fyddan nhw wedi ffeindio lle diogel i gysgu – rhywle lle nad oes symudiad aer a fyddai'n dwyn gwres ac yn eu goroeri nhw. Bydd nadroedd a madfallod yn chwilio am dwll dwfn a sych yn y ddaear neu mewn clawdd pridd; llyffantod yn suddo i'r mwd yng ngwaelod pwll; malwod yn cysgu yn y pridd neu o dan gerrig a phryfed/pryfed cop yn dod i mewn i dai neu adeiladau eraill, neu'n llochesu dan risgl neu mewn tomen o ddail crin. Mewn gwledydd oer, bydd pryfed yn osgoi rhewi drwy gynyddu'r lefel o glyserol yn eu gwaed. Gall rhai mathau o wenyn meirch yng Nghanada ostwng eu tymheredd i −46°C drwy wneud hyn, a goroesi.

Mae rhai mathau o ymlusgiaid yn y gwledydd oer yn medru treulio'r gaeaf a hwythau wedi rhewi go iawn – er enghraifft, mae rhai llyffantod yng ngogledd America sy'n medru dioddef hyd at 65% o'u corff yn rhew, tra bo'r galon a'r anadlu wedi stopio'n gyfan gwbl! Ond eto fyth, byddant yn dadmer yn y gwanwyn ac yn atgyfodi mor fywiog ag erioed. Yn Siberia mae salamander bach sy'n rhewi'n gyfan gwbwl! Yno, oherwydd y *permafrost* (y ddaear wedi

Madfall y dŵr, Cors y llyn, Nebo. Un o'r amffibiaid sy'n gaeafgysgu yng ngwaelod pwll dros y gaeaf.

rhewi'n barhaol) all y creadur ddim tyllu i'r pridd i osgoi'r oerni ac felly mae'n gorfod aros yn agos i'r wyneb. Golyga hynny ddioddef tymheredd sy'n medru disgyn mor isel â −56°C. *Cryogenics* go iawn, yntê?

6. Anifeiliaid moesol?   15 a 22 Awst 2009

Ydych chi'n credu y gall anifeiliaid gydymdeimlo a gwahaniaethu rhwng yr hyn sy'n gyfiawn ac anghyfiawn? Ynteu ydych chi o'r farn na all 'anifail direswm' wneud y fath beth?

Yn ddiweddar, cyhoeddwyd llyfr difyr iawn, *Wild Justice – The Moral Lives of Animals* sy'n ffrwyth ymchwil dros 15 mlynedd ym Mhrifysgol Colorado. Ynddo mae'r awduron, Marc Bekoff a Jessica Pierce, yn dod i'r canlyniad bod rheolau cymdeithasol pendant iawn, yn seiliedig ar degwch, yn rhan annatod o batrwm ymddygiad pob mamal cymdeithasol. Maent yn dadlau fod rheolau o'r fath yn hanfodol i alluogi creaduriaid, sy'n aml iawn o natur gystadleuol neu ymosodol, i fyw efo'i gilydd mewn grwpiau.

Rhaid bod yn ofalus rhag personoli gormod ar ymddygiad creaduriaid, wrth gwrs, ond ar y llaw arall rhaid i ni beidio bod yn rhy gul a dyn-ganolog wrth ddiffinio moesoldeb, parch a thegwch. Os gallwn gytuno mai hanfod cyffredinol y termau hyn yw 'ymddygiad tuag at eraill sy'n ystyriol ac yn seiliedig ar chwarae teg, er mwyn hyrwyddo perthynas gymdeithasol fuddiol rhwng unigolion o fewn grŵp', prin y gall neb hawlio fod gan y ddynoliaeth fonopoli arnynt.

Aeth yr ymchwilwyr o Brifysgol Colorado ati i astudio anifeiliaid bach a mawr o bob rhan o'r byd cyn dod i'r canlyniad bod rheolau pendant ynglŷn â sut mae mamaliaid yn trin ei gilydd, boed o fewn grŵp teuluol neu

Nel yn Llyn Dulyn, Dyffryn Nantlle. Mae Nel yn fy adnabod i a minnau yn adnabod Nel, fel ein gilydd.

gymuned gyfan. Cafwyd bod chwarae teg a gofal am ei gilydd yn bwysig iawn, ond, fel y gallech ddisgwyl, roedd gwahaniaethau rhwng rhywogaethau, ac yn arbennig rhwng unigolion. Mae wastad ambell un, boed yn fwnci, yn ful neu ddyn, sy'n fwy (neu lai) ystyriol na'i gilydd.

Mae'r blaidd, er enghraifft, yn byw mewn grwpiau cymdeithasol clòs lle mae pawb yn ymwybodol o'i safle, yn gweithio o fewn rheolau ymddygiad eithaf caeth ond yn dangos chwarae teg rhyfeddol at ei gilydd. Bydd y pen blaidd, pan fydd yn chwarae efo'r lleill, yn gwneud hynny'n gyfartal, a hyd yn oed yn cymryd ei frathu – yn ysgafn ac o fewn 'ysbryd y gêm' fel petai. Ymysg anifeiliaid o bob math sy'n cydweithredu i hela, caiff pawb ei siâr yn deg. Daw cŵn gwyllt a bleiddiaid â bwyd yn ôl i weddill aelodau'r pac hyd yn oed os na chymeron nhw ran yn yr helfa.

Mae eliffantod yn enwog am edrych ar ôl ei gilydd yn ofalus iawn, a gwneud eu gorau dros y rhai gwan neu rai sydd wedi brifo. A phan fydd un o'r trŵp yn marw, byddant i gyd yn mynd at y corff i'w deimlo'n ofalus â'u trynciau, gan wneud sŵn cwynfanus a dangos yr hyn na ellir ond ei alw'n alar. Yn Zambia yn Nhachwedd 2007, roedd rhinoseros yn cyd-fyw yn agos efo un trŵp o eliffantod. Pan saethwyd y rheino gan botsiars, a gladdodd ei gorff i guddio'r dystiolaeth, aeth yr eliffantod ati i dyllu i'r bedd gan alw'n gwynfanus, a bu i'r trŵp i gyd ei gyffwrdd a galaru fel petai'r rheino'n un ohonyn nhw.

Mae llygod mawr yn helpu ei gilydd hefyd – ac mae'r ymchwil wedi dangos eu bod nhw'n barotach i helpu llygod eraill petaen nhw eu hunain wedi derbyn cymorth yn y gorffennol. Yn yr un modd, mae ystlumod fampir sydd wedi cael helfa dda yn barod iawn i rannu bwyd ag eraill – ond yn dueddol o ffafrio'r ystlumod sydd wedi rhoi bwyd iddyn nhw ryw dro o'r blaen. Y creaduriaid mwyaf cymwynasgar, felly, yw'r rhai gaiff y mwyaf o gymwynasau yn ôl ... yn union fel pobl.

Gall estyn cymorth, neu altrwistiaeth, ddigwydd rhwng rhywogaethau hefyd – onid oes 'na achosion o ddolffiniaid yn achub pobl rhag boddi, a hyd yn oed eu hamddiffyn rhag siarcod? Ac ydych chi'n cofio Binti? Gorila ydi hi yn Sw Brookfield, Illinois. Yn 1996, syrthiodd bachgen bach ugain troedfedd o ben wal i mewn i gorlan y gorilas gan daro'i hun yn anymwybodol ar y llawr concrit. Roedd panig gwyllt ymysg y bobl welodd y digwyddiad, ac roedd mam y plentyn yn sgrechian, fel y gallwch ddychmygu. Aeth Binti ato, ei fwytho'n dyner, ei godi'n ofalus iawn i'w breichiau, ei gario at y giât a'i drosglwyddo i staff y sw oedd yn aros amdano.

Ai greddf yn unig oedd hyn? Ynteu oes gan greaduriaid gydwybod, egwyddorion neu gydymdeimlad, o leia? I fynd gam ymhellach, a oes gan bobl y fath rinweddau? Yr ateb yw oes – pan mae'n siwtio. Ond o gofio Auschwitz, Dresden, Irac a hanes caethwasiaeth ac ecsbloetiaeth drwy'r byd, mae'n rhaid gofyn y cwestiwn, yn does?

7. Enwau lleoedd

Onid oes 'na ramant mewn enwau lleoedd? Dwi'n teimlo'n lwcus iawn cael byw ar Lôn Pant y Gog yn Nebo, Dyffryn Nantlle. Mae'n enw addas am mai i Bant y Gog y bydd yr aderyn hwnnw'n dod gyntaf bob blwyddyn i ganu ei ddeunod. Ac ar fy ffordd i 'ngwaith bob bore, ar waelod allt Penmorfa, mi fydda i'n mynd drwy Pwllgoleulas. Newydd ymddangos mae'r arwyddion ffordd i nodi'r enw tlws hwn ar y clwstwr bach o dai sydd yno – a dwi'n falch iawn fod Cyngor Gwynedd wedi'i osod o.

Yn Nyffryn Nantlle mae un o fy hoff enwau i. Ar yr hen ffordd uwchben Llanllyfni mae pant efo troad go sydyn, a phont. Pont y Crychddwr ydi enw'r lle – am enw bendigedig, ond safle brwydr go ffyrnig yn Nhachwedd 1876. Roedd seindorf Dulyn (Nebo) wedi curo seindorf Llyfnwy o'r pentref agosaf, Llanllyfni – a hynny yn Llanllyfni! Wel, roedd yn rhaid dial am hynny. Rhyw bythefnos yn ddiweddarach, pan oedd criw o fandwyr Nebo yn dychwelyd

adref ar ôl bod am beint neu ddau yn y dafarn yn Llanllyfni, pwy oedd yn aros amdanyn nhw wrth Bont y Crychddwr ond hogia'r Llan. Aeth yn andros o ymladdfa, ac fe dorrwyd gwefusau cymaint ohonyn nhw nes na fu fawr o chwythu cyrn am wythnosau wedyn! Darllenwch yr hanes yn *Cyrn y Diafol*, Geraint Jones (2004).

Mae'r enw Nebo yn ddifyr hefyd. Enw Beiblaidd sydd â phum enghraifft ohono drwy Gymru, a'r cwbl, hyd y gwn i, wedi eu henwi ar ôl capel gwledig yn hanner cynta'r 19eg ganrif. Y capel fyddai'n dod gyntaf, ac wrth i glwstwr o dai

godi o'i gwmpas, a'r rheiny'n tyfu'n bentref, byddai'r pentref yn cymryd enw'r capel. Dyna sut y daeth pentrefi megis Nebo, Nasareth, Golan, Salem, Cesarea, Seion, Bethlehem a llawer mwy i fodolaeth. Enw Beiblaidd (nad oedd yn enw ar gapel) yw Sodom ar Fynydd Rhiwabon ger yr Wyddgrug. Mwynwyr plwm go arw drigai yn yr ardal, ac i barchusion y fro, roedd yn Sodom o le. O ran hwyl, mabwysiadwyd yr enw gan y mwynwyr!

Bu'r Cymry ar hyd y canrifoedd yn agored a gonest wrth enwi pethau, er enghraifft Hafod Lom (Llangernyw), Gwag y Noe (Pen Llŷn), Cae Tristwch (Llannor), Uffern Rhys (Dolwyddelan) a hyd yn oed Nant y Bastard (Mynytho). Ond mae 'na rai enwau sy'n dipyn hyfrytach: Bryn Rhyd-yr-arian, Bryn Saith Marchog, Cwm yr Haf, Waun y Fignen Felen a Nant y Gwyrddail. I bobl Dolgellau, pan fo'r 'gwynt o Nant y Gwyrddail' (o'r de-orllewin), mae hi am fwrw glaw.

Dwi wrth fy modd â cherddi sy'n cyplysu enwau ardal. Dyma i chi daith gynganeddol o amgylch rhai o ffermydd Llŷn:

Y Ciliau a Bryncelyn – y Cwmwd,
    Y Cim a Dolpenrhyn,
    Tyddyngwêr a'r Tyddyn Gwyn,
    Rhydau a Phant y Rhedyn.

Bodegroes a Brununog – y Mela,
    Brynmoelyn a Cherniog,
    Bronygaer a Brynygôg,
    Gwernallt a'r Dafarngorniog.

Mae saith englyn yn y gyfres hon, gan W.J. Williams, Efailnewydd, a gyhoeddwyd yn *Fferm a Thyddyn* 18 (1996). Mae gan Rol Williams gyfres o benillion am ffermydd Dyffryn Conwy. Dyma'r gyntaf o wyth pennill:

Ceir yno Fryncynhadledd,
Bryn Dowsi a Bryn Glas,
Bryn Seiri, a Bryn Siriol
Bryn Glorian a Bryn Bras.
Bryn Fawnog, a Bryn Ddraenen
Bryn Engan hefyd sydd,
Bryn Tudur, Bryn Gyfeilia'
Bryn Eidal a Bryn Gwŷdd.

Ewch i *Fferm a Thyddyn* 8 (1991) i gael y gyfres i gyd.

Ydyn, mae enwau yn gyfoeth diwylliannol sy'n dweud llawer am ardal – yn disgrifio nodweddion y tir, cynefinoedd ddoe a heddiw, bywyd gwyllt y gorffennol, digwyddiadau hanesyddol, gweithgareddau o bob math, chwedlau a phobl. Mae'n hen bryd i ni gael trefn arnyn nhw – eu cofnodi, eu casglu, a'u diogelu nhw – oherwydd mae 'na beth wmbreth, yn enwau caeau a chreigiau, nad ydynt ar unrhyw fap, ond sy'n fyw ar leferydd bugeiliaid, helwyr a physgotwyr.

Un enghraifft yn unig yw gwaith Rhys Gwyn, Warden Parc Cenedlaethol Eryri yn ardal Dolgellau, sydd wedi casglu dros 60 o enwau oddi ar Graig Cowarch yn unig, a thros 150 o enwau oddi ar Gader Idris. Yn yr un modd mae Iwan Wmffre wedi casglu nifer fawr o enwau oddi ar fynydd Troedrhiw-cymer ger Llanddewibrefi yn ne Ceredigion. Ro'n i'n hynod falch o weld, yng nghyfarfod lawnsio Cymdeithas Enwau Lleoedd Cymru yn Aberystwyth yn ddiweddar, un o swyddogion yr Arolwg Ordnans yn cofnodi'n fanwl rai o'r enwau a gasglwyd gan Rhys Gwyn, gyda'r bwriad o'u cynnwys ar fapiau'r OS yn y dyfodol.

8. Gwasanaethau ecolegol   25 Chwefror 2012

O bryd i'w gilydd fe fydda i'n clywed pobl yn gofyn beth yw gwerth bywyd gwyllt, yn enwedig yn achos ryw greadur neu blanhigyn prin sydd o dan warchodaeth gyfreithiol. 'I be mae o'n dda?' yw'r gri bryd hynny, neu "Dio'n dda i ddim i neb'. Sylwadau digon dilys, ac nid yw mor hawdd â hynny eu hateb ar eu pen.

Mae pawb, 'swn i'n meddwl, yn cytuno bod bywyd gwyllt a chynefinoedd naturiol yn werth eu gwarchod ... o ran egwyddor. Ond os bydd rhyw rywogaeth sydd dan warchodaeth yn ymgartrefu yn eich tŷ neu ar eich tir chi, ac yn eich atal rhag gwneud rhyw waith neu'n golygu costau mawr – mae hynny'n fater gwahanol!

Mae'n union fel y broses gynllunio yn tydi? Pawb yn cytuno o ran egwyddor bod angen rheolaeth dros dai a datblygu, nes y byddant eisiau ryw horwth o estyniad i dŷ neu 200 o garafannau a llethr sgïo yng nghanol yr Ardal o Harddwch Naturiol. Pawb a'i fys ...

Felly sut mae ateb y cwestiwn: pa les a pha werth byd natur? Wrth chwilio am ateb rhaid peidio â chymysgu rhwng gwerth a phris rhywbeth. Mae rhai yn gwybod pris popeth ond yn gwybod gwerth dim byd. Pa un sydd fwyaf gwerthfawr: dŵr ynteu glamp o ddiemwnt mawr llachar? Fe gewch chi ddŵr, hanfod bywyd, am ddim o nant y mynydd groyw loyw (neu am bunt y botel o'r siop), ond efallai y bydd raid i chi dalu miliwn am y diemwnt – sy'n uchel ei bris ond yn dda i ddim, heblaw i lordio cyfoeth a statws dros bawb. Petaech chi bron â marw o syched yn y Sahara ac yn cael cynnig un ai potelaid o ddŵr neu'r diemwnt, pa un fuasech chi'n ei gymryd?

Gwerth byd natur a'r amgylchedd yw bod y cyfan yn rhan o gyfundrefn sy'n cynnal bywyd (sy'n ein cynnwys ni) ar yr hen ddaear 'ma. Mewn geiriau eraill, mae amgylchedd iach yn cyflawni cyfres o wasanaethau ecolegol hanfodol – gwasanaethau sy'n cael eu rheoli gan brosesau naturiol sy'n cadw cydbwysedd a sefydlogrwydd ym myd natur ac yn rhoi awyr iach i ni, yn puro dŵr, ailgylchu gwastraff naturiol a chadw'r hinsawdd mewn trefn. Mae'n cyflenwi cynhyrchion cynaliadwy fel bwyd, pren, tanwydd a dŵr glân, yn ogystal â rhoi i ni harddwch, llefydd i ddysgu a

Afon Gamlan, yng Ngwm Nantcol, Ardudwy. (Llun: Jean Napier)
Pa werth dŵr glân nant y mynydd groyw loyw?

hamddena, a lle i enaid gael llonydd – sy'n bwysig i'n hiechyd ni, yn gorfforol a meddyliol. Y mwya'n y byd o amrywiaeth neu gyfoeth sydd i fyd natur, yna'r cadarnaf a'r mwyaf sefydlog fydd y cydbwysedd naturiol sy'n cynnal y gwasanaethau amgylcheddol hanfodol hyn.

Ond beth yw gwerth ariannol, neu bris y gwasanaethau hyn? Mae 'na rai, cwmnïau masnachol yn bennaf, sy'n dechrau dod yn giamstars ar roi pris ar bethau o'r fath. Er enghraifft, ychydig flynyddoedd yn ôl cafodd y cwmni trydan Alleghenny Power afael ar 10,000 acer o fawnogydd a choed naturiol braf yn Nyffryn Canaan, West Virginia. Eu bwriad oedd codi argae i greu trydan yno, ond methu wnaethon nhw am fod rhyw amgylcheddwyr gythraul wedi'u hatal nhw. Felly, dyma ystyried gwerthu, i gael gwared â'r safle. Pris y farchnad oedd $16m.

Be wnaeth y cwmni, yn synhwyrol iawn, oedd comisiynu astudiaeth i werth ychwanegol y safle o ran y gwasanaethau amgylcheddol oedd yn cael eu darparu yno. Felly, rhoddwyd pris ar werth y storfa garbon (miliynau o dunelli o CO_2 wedi eu cloi yn y mawn), gan ddefnyddio ffigyrau cydnabyddedig gytunwyd gan gonfensiwn rhyngwladol rai blynyddoedd ynghynt. Yna, ychwanegwyd at hynny werth yr holl arbedion, oedd yn rhai degau o filiynau o ddoleri, i gwmnïau yswiriant fyddai'n gorfod talu am ddifrod llifogydd i dai ac eiddo i lawr yr afon, am fod y mawndir yn gweithredu fel sbwng enfawr yn dal y dŵr yn ei ôl a'i ollwng yn raddol yn hytrach na gorlifo'n sydyn.

Roedd y ffigwr a bennwyd am werth y gwasanaethau amgylcheddol hyn yn $17m, ac o ychwanegu hynny at yr $16m am y tir, roedd y cyfanswm yn $33m. Be wnaeth y cwmni wedyn? Gwerthu am yr $16m gwreiddiol, sef pris y tir ar y farchnad, a rhoi'r $17m ychwanegol, sef pris y gwasanaethau amgylcheddol, yn erbyn treth, gan arbed miliynau! Mae hyn yn dangos fod rhai ym myd busnes, o leiaf, yn dechrau gweld gwerth yn yr amgylchedd, er mai am resymau hunanol y bo hynny.

9. Anifeiliaid dewr? 9 Mehefin 2012

A all anifeiliaid fod yn ddewr, ynteu ydi dewrder yn rhywbeth sy'n gyfyngedig i bobl? Ai greddf yn unig sydd y tu ôl i'r hyn y buasen ni'n ei alw'n ddewrder mewn anifail – cymhelliant cornchwiglen, er enghraifft, i ffugio ei bod wedi brifo'i hadain er mwyn denu llwynog neu gi yn ddigon pell oddi wrth ei chywion; neu lygoden wedi ei chornelu yn ymosod ar gath neu gi yn amddiffyn ei feistr rhag lladron?

Os felly, onid greddf sy'n gwneud pobl yn ddewr hefyd? Sawl gwaith glywsoch chi rywun sydd wedi cyflawni gweithred arwrol yn cael ei holi a oedd ganddo fo neu hi ofn, neu'r cwestiwn dwl mae riportars yn ei ofyn hyd syrffed, 'Be oeddech chi'n *deimlo* ar y pryd?' A'r ateb yn aml yw na chafodd amser i deimlo dim, na hyd yn oed feddwl am y sefyllfa, dim ond gwneud yr hyn oedd raid. Mae sawl arwr wedi cyfaddef na fyddai byth wedi gweithredu fel y gwnaeth petai wedi meddwl ac ystyried y risg. Os felly, onid yw gwneud yr hyn sydd raid, heb feddwl am y peth, yn ymateb greddfol? Ac o ganlyniad, oes 'na'r ffasiwn beth â dewrder?

Mae yna enghreifftiau di-rif o anifeiliaid yn helpu pobl a chreaduriaid eraill mewn argyfwng, pan nad oedd rhaid iddyn nhw mewn gwirionedd – ac yn aml iawn, yn eu peryglu eu hunain yn y broses. Beth yw hynny ond dewrder? Erbyn hyn mae sawl gwobr a medal yn cael eu rhoi i anifeiliaid dewr gan wahanol wledydd – mae Medal Dicken yn un, sy'n cyfateb i Groes Fictoria am ddewrder dynol ar faes y gad.

Ystyriwch y gath honno o'r enw Lucky, ym mhentref bach Abbot's Morton yn Sir Gaerwrangon. Cath y Post

Llun o Fedd Gelert ganol y 19eg ganrif.
Gelert oedd un o gŵn dewraf Cymru, er na chafodd
gydnabyddiaeth deilwng o hynny ar y pryd.

oedd Lucky, a phan ddaeth lleidr yno a bygwth y bostfeistres â gwn, neidiodd Lucky amdano dros y cownter a'i frathu a'i gripio nes yr oedd o'n gwaedu. Rhoddodd y lleidr sgrech erchyll a ffoi drwy'r drws yn waglaw. Am ei gwrhydri (neu gath-hydri), cafodd Lucky glustog las hardd, a medal gan y Pen Bostfeistr.

Enillodd Brett, Alsatian a chi heddlu, sawl gwobr gan yr RSPCA yn ystod ei yrfa. Cafodd un ohonynt am achub dau ddaeargi oedd wedi mynd yn sownd mewn hen fwynglawdd yn swydd Efrog. Gwthiodd Brett i le oedd yn llawer rhy beryglus a chyfyng i ddyn, a chario'r ddau ddaeargi fesul un i le diogel yn ei geg. Achubodd hefyd bobl oedd wedi mynd ar goll yn yr eira, merch ifanc oedd wedi disgyn i afon, a hyd yn oed cath fach oddi ar ddarn o bren mewn afon, drwy ei chodi yn ei geg a nofio efo hi i'r lan. Fo oedd y ci heddlu cyntaf i neidio allan o hofrennydd i ddal lleidr. Pan fu Brett farw yn 1974, fe'i claddwyd yn

Eryri lle bu'n gwneud cymaint o achub mynydd.

Yn 1985 roedd ffermwr o Taiwan o'r enw Liu Ming-hui yn mynd â hwch at faedd yng nghefn tryc. Ond cafodd ddamwain, ac anafwyd Liu druan yn ddrwg. Serch hynny, roedd yr hwch yn iawn ac fe redodd i fyny'r lôn nes iddi gyrraedd tŷ, sgrechian i dynnu sylw'r trigolion a throi yn ei hôl i gyfeiriad y ddamwain, â'r bobl leol yn ei dilyn. Achubwyd Liu Ming-hui.

Gwelwyd achos anhygoel o ddolffin yn achub babi ym mhentref bach Chakoria ym Mangladesh yn 1991. Adeg storm enbyd, daeth ton fawr a sgubo babi bychan o un o'r tai oedd ar stilts yn aber afon Ganges, ac allan i'r weilgi. Ond yn digwydd bod, roedd criw o ddolffiniaid wedi dod yn agos i'r lan a phan glywodd un ohonyn nhw sgrechiadau'r babi, fe'i cododd yn ei geg a'i ddal uwchben y dŵr, gan nofio'n ddigon agos i lwyfan un o'r tai stilts eraill nes y medrodd rhywun afael yn y babi a'i godi i ddiogelwch.

Oes, mae 'na straeon di-ri am anifeiliaid sy'n medru bod yn ddewr ac ystyriol ar adegau, ac yn haeddu llawer iawn mwy o barch na'r hyn maen nhw'n ei gael.

10. Dyddiaduron 13 Ebrill 2013

Ydych chi'n cadw dyddiadur, neu a oes hen ddyddiaduron teuluol yn eich meddiant? Wel, os oes, cadwch nhw'n saff – efallai y byddan nhw'n drysorau hanesyddol ryw ddydd.

Fel arfer, cofnodi digwyddiadau o ddydd i ddydd mae rhywun mewn dyddiadur, ond bydd ambell un yn cofnodi pethau personol iawn, pethau na fyddech am i neb arall eu gweld – pethau cas, neu sgandals am rywun. Dyna'r math o ddyddiaduron y mae haneswyr wrth eu bodd efo nhw pan fyddan nhw'n tyrchu i gefndir rhyw wleidydd, llenor neu enwogyn o ryw fath.

Math arall o ddyddiaduron sydd â gwerth mawr iddyn

nhw yw'r rheiny a ysgrifennwyd gan bobl y tir ar wahanol gyfnodau, ac sy'n disgrifio bywyd a gwaith bob dydd megis pryd roedden nhw'n aredig, hau, mynd â'r hwch ar y baedd, pryd y clywyd y gog gyntaf yn y tymor, amser plannu tatws, torri a chario'r gwair a'r ŷd ac, wrth gwrs, y tywydd bob dydd, sy'n destun cyffredin iawn.

Erbyn hyn, mae cofnodion tywydd a gwybodaeth am ba mor gynnar neu hwyr yw tymhorau gwaith y fferm o flwyddyn i flwyddyn yn prysur gael eu cydnabod yn ffynhonnell o wybodaeth sy'n amhrisiadwy er mwyn disgrifio'r newidiadau sydd wedi digwydd ym mhatrwm y tywydd a'r hinsawdd dros y ddwy neu dair canrif ddiwethaf. Dyma pam y bydd Consortiwm Newid Hinsawdd Cymru yn cynnal gweithdy yng Ngregynog (23 – 25 Ebrill 2013), lle bydd ymchwilwyr o Brifysgolion Bangor, Aberystwyth ac Abertawe, ynghyd ag amryw o brifysgolion o Loegr, y Swyddfa Dywydd, Cyfoeth Naturiol Cymru, y Ganolfan Uwchefrydiau Cymreig a Cheltaidd (Aberystwyth) a chynrychiolwyr Llên Natur yn dod at ei gilydd i drafod potensial dyddiaduron a ffynonellau hanesyddol eraill i ail-greu patrymau tywydd y gorffennol.

Yr hyn a ysgogodd pawb i ddod at ei gilydd yw'r gronfa enfawr o gofnodion dyddiadurol yn y Tywyddiadur ar wefan Llên Natur (www.llennatur.com), sydd bellach wedi pasio 82,000 o gofnodion tywydd [108,000 erbyn 2018], ac sy'n dal i dyfu. Mae 'na griw dygn iawn o wirfoddolwyr wedi bod yn bwydo'r data i gronfa ar y wefan dros y pedair blynedd ddiwethaf, dan ofal Duncan Brown.

Mae trysorau anhygoel yma, megis dyddiaduron Ed Evans, Parsele, Sir Benfro, rhwng 1851 ac 1882, lle ysgrifennodd baragraff bob dydd am y tywydd – a hynny mewn iaith flodeuog ac yn nhafodiaith gyfoethog Sir Benfro. Dyma ddyfyniad ohono:

Dyddiaduron William Jones, Moelfra, Aberdaron rhwng
1867 a 1904

Hynod o arw ac oerllyd iawn – y gwynt o'r Nor. West a'r entrych yn dywyll doëdig gan wmbredd lawer o gymylau – gan daflu Rwshis o Geser, – yr oedd y Mynyddau yn wynion. Prydnawn daeth y cawodydd mwyaf ofnadwy o Ysgithrog ... a welais erioed ... nes gwyni'r ddaear.

Mae'r cofnod hwn yn dyddio o'r cyfnod cyn i'r Swyddfa Dywydd gael ei sefydlu yn 1862 gan yr Admiral Fitzroy; cyfnod pan oedd cofnodion tywydd mesuradwy (glawiad, pwysedd awyr ac ati) yn brin a gwasgaredig iawn. Felly y bu pethau tan ddechrau'r 20fed ganrif mewn gwirionedd. Anodd iawn, felly, yw cael data tywydd defnyddiol sy'n mynd yn ôl i'r 18fed ganrif, sef i gychwyn y chwyldro diwydiannol pan ddechreuon ni bwmpio CO_2 i'r awyr a dechrau ar y broses o newid hinsawdd.

Ond mae'n bosib ail-greu patrymau tywydd a thymhorau'r gorffennol drwy ddadansoddi'r data mewn dyddiaduron, llythyrau, logiau neu gofnodion ysgolion a llongau, hen gylchgronau, cardiau post, cerddi a llu o ffynonellau eraill. A chyda chymaint o stwff eisoes ar wefan Llên Natur – yn mynd yn ôl dair canrif a mwy – mae cyfle gwych yma i ymchwilio a datblygu dulliau o ddadansoddi all fod yn arf pwysig i edrych ar ddata tebyg ar draws y byd. Onid yw'n braf gweld bod ffynhonnell o wybodaeth yn y Gymraeg wedi ysgogi diddordeb ac, o bosib, yn medru gwneud cyfraniad gwerthfawr i ymchwil byd eang i'r broses o newid hinsawdd? Cofiwch, felly, os oes ganddoch chi ddyddiaduron hen neu ddiweddar sydd â chofnodion tywydd ynddynt, gysylltu â Llên Natur. Gallant fod yn ffenest ddifyr i'r gorffennol yn ogystal ag yn allwedd i'r dyfodol.

184